살아있는것도
나눔이다

살아 있는 것도 나눔이다

우리 삶을 재구성하는 나눔의 발견

전성실 지음

COOPERATIVE

착한책가게

추천의 말

'나눔교육'을 디자인하는 실천가가 세상에 던지는 나눔, 《살아있는 것도 나눔이다》 출판의 노고와 과정에 박수를 보냅니다. '나눔'과 '인문학'의 만남을 통한 통섭적 접근이 저자의 삶에 녹아나는 표현들로 살아나고 있습니다. 또한 공동체를 향한 다양한 대안을 모색하고 방향을 제시합니다. "소유는 관계의 단절을 의미하고 공유는 관계의 회복을 의미한다."라는 신영복 선생의 글귀를 삶 속에서 어떻게 실천할 수 있는가를 구체화해서 제시하는 과정은 사회사업가인 제 가슴을 두근거리게 합니다.

- 표경흠(비영리 컨설팅 웰펌(Welfirm) 상임대표)

나눔의 발견을 통해 인생에 즐거움을 선물해주는 소중한 책입니다. 우리가 나눔에 대해 재밌게 이해하도록 영화, 책, 다큐멘터리에 나온 예시를 활용하여 친근하게 이야기를 들려줍니다. 다수의 사람들이 아직도 제각각 알고 있는 나눔에 대한 다양한 물음표에 명쾌한 느낌표가 되어줍니다. 어느새 마음이 따뜻해지는 것은 물론이고, 세상을 더불어 함께 행복하고 건강하게 살아가도록 이끌어줍니다. - 신성국(허그인 대표)

의식하지 않으면 보이지 않는 것들이 있습니다. 나눔도 관점에 따라 보이는 부분이 달라질 것입니다. 우리는 흔히 더 주어야 한다고 생각하고 더 많이 주는 것이 미덕이라고 여기지만, 정작 우리 삶의 어떤 부분이 나누어지고 있는지 모르고 살아갑니다. 이 책을 통해 우리 일상이 어떻게 나눔이라는 관점으로 정의되고, 얼마나 많은 부분이 함께 이루어져 가고 있는지 알게 되었습니다. 이 책의 독자들도 개인의 일상생활에 녹아 있는 나눔의 삶들을 재고하고, 자신의 철학으로 만들어볼 수 있는 시간이 될 것입니다. – 박신영(워싱턴한인복지센터)

"그래서 그 좋은 나눔이란 걸, 왜 해야 되냐고."

뒤죽박죽 섞여 있던 나눔에 대한 생각을 한 번에 정리할 수 있었던 책! 작년부터 나눔인문학을 따라다니며 어깨 너머로 배우고 있습니다. 우리의 삶은 서로 나눌 때 행복해질 수 있다고 믿거든요. 이 책은 나눔에 대한 본질을 아주 쉽게 알려주어 누구에게나 행복한 사유의 시간을 선물해줍니다. – 윤찬묵(차가운니트 보컬)

우린 나름 나눔에 대한 여러 정의를 내립니다. 저자는 이 책을 통해 우리가 가진 나눔에 대한 인식을 확장시켜줌과 동시에 다양한 나눔의 색깔과 무늬를 보여주려 하시는 듯싶네요. 이 책을 나누어 읽고 전 다시 나눔을 이렇게 정의 내려봅니다. '나눔이란 우리가 같이 행복해져가는 삶의 과정이며, 내가 살아있는 자체가 나눔의 출발이다.' 더 나아가 유기적이고 맞춤식 나눔으로 각자의 삶을 재구성해본다면 우리가 같이 행복할 날들이 더 많아지겠네요. 좋은 글 나누어주셔서 고맙습니다.

– 어은혜(캐나다 토론토, 병원행정관리자)

'나눔'이란 나보다 없거나 모자란 사람에게 돈이나 물건을 주는 것이라고 생각했는데, '살아있는 것이 나눔', '옆에만 있어도 나눔'이라는 말에 '아, 나눔이 이런 거구나.' 하는 생각이 들었어요. 초등교사인 저로서는 나눔을 위해 '관계 맺음'을 해야 하고, 상대의 감정을 '공감'하며, 서로의 '욕구'를 알기 위해 물어야 한다는 말에 배움도 컸어요. 책을 읽는 내내 '교실에서 아이들과 나눔 할 수 있겠다'는 생각이 들었어요.

– 이영근(군포 양정초 교사, 《초등 따뜻한 교실토론》 《초등 학급운영 어떻게 할까》 저자)

'나눔'이라는 주제로 사람들 마음속에 잔잔한 감동을 선물해온 나눔연구소 전성실 선생님의 이 책이 우리 사회를 더욱 따뜻하고 살기 좋은 나눔의 공동체로 이끄는 작은 촛불이 되기를 바랍니다. – 박영하(꿈샘)

흔히 나눔이라는 것이 어떤 특별한 것이라거나 무언가를 가지고 있어야만 할 수 있다고 생각하기 쉬운데, 이 책은 나눔이라는 것은 같이 호흡하고 살아가는 것에서 출발한다는 것과 굳이 나눔을 하기 위해 따로 뭔가를 준비하지 않아도 된다는 것에서부터 독자들에게 말 걸기를 하고 있습니다. 이 책을 통해 무겁지 않게 나눔을 만나는 계기가 될 수 있을 것입니다. – 강내영(비전화공방 서울, 《지역의 재구성》 저자)

전성실 선생님은 제가 아는 가장 뛰어난 '나눔전도사'입니다. 선생님을 통해 내 안에 이미 나눌 게 많다는 걸 깨달았습니다. '추천사 나눔'을 포함해서요. 이 책을 읽는 모든 분이 또한 그러하기를 바랍니다.

– 송화준(책읽는 지하철 대표)

은퇴한 시니어 분들에게 나눔과 봉사 등 사회공헌의 관심도는 의외로 높은 편입니다. 하지만 막상 실천에 옮기기를 주저하거나 혹은 한두

번 해보고 많은 실망들을 합니다. 그런 분들에게 이 책은 나눔의 시도는 물론 어렵게 시작한 나눔이 지속되도록 도와줄 겁니다. —나종민(바라봄사진관 대표)

전작 《아름다운 나눔수업》이 실천편이었다면 이 책은 확장편+이론 편이라는 생각이 듭니다. 이 책을 읽으면서 다큐멘터리, 영화, 광고 등 다양한 매체와 전국을 다니며 만난 분들의 에피소드를 통해 우리 일상에 녹아 있는 나눔의 의미를 깨닫고 한결 더 편안하고 당당하게 살아갈 힘을 얻었습니다. 더불어 내 이웃들과 함께 자연스럽게 관계 맺고 서로 나누며 행복한 삶을 살고 싶다는 소망도 생겼습니다. 전성실 선생님께서 우리 모두를 응원하는 마음으로 내미는 따뜻한 손과 같은 이 책을 통해 행복한 나눔의 세계로 떠나요! —이다혜(서울 원촌초 교사)

나눔은 함께 주고받는 과정이라고 합니다. 관계를 잇는 나눔은 나와 너를 건강하게 만듭니다. 그런 의미에서 나눔은 사회적 자본에 가깝습니다. '살아있는 것도 나눔'이라는 저자의 이야기는 나눔의 의미를 설명하지만 자원봉사를 유도하거나 기부에 대한 환상을 주지 않습니다. 나눔에 대한 생각의 전환. 자신의 경험을 나누는 한 장 한 장에 호응하다 보면 살아있는 '나'가 지금 나눔을 함께하고 있다는 사실을 발견할 수 있습니다. —김태은(광주광역시 광산구 교육정책관)

물질문명의 변화가 온전한 정신을 세우는 속도를 앞서가고 있습니다. 이는 경쟁과 소유, 정의보다는 이익, 사람보다는 성공, 함께보다는 나만 바라보게 되는 식으로 삶의 방식도 변화시켰습니다. 이 책은 인생은 소유가 아니라 좋은 관계로 남는다는 지극히 평범한 진실을 담아내고 있습니다. 누군가가 되어주고 누군가를 살려주는, 나누는 만큼 내 삶의 실체에 다가서고자 하는 '삶의 방점'에 고민하는 이들이 선택하는 책입니다. - 윤법달(서울디지털대학교 교수)

이 책은 여행기다. 나눔이라는 나침반 하나 달랑 들고 다양한 사람들의 삶 속으로 항해한 독특한 여행기다. 또한 나눔이라는 여행을 꿈꾸는 사람들에게 '자, 이제 한번 신나게 떠나보시라'고 가슴을 뛰게 만드는 여행서다. - 서현선(진저티프로젝트)

나눔전도사인 전성실 선생님이 이야기하는 나눔은 부담스럽지 않고 어렵지 않아서 좋다. 남에게만이 아닌 나한테 나누라고 하고, 주는 것만이 아니라 받기만 해도 된다고 하니까. 우리가 잊고 있던 나눔의 상호성을 쉽고 재미나게 알려준다. 이 책을 읽고 즐겁게, 기분 좋게 나눔 하자.
- 주수원(한겨레경제사회연구원 정책위원)

한 권의 책을 읽으면서 따뜻한 격려와 함께 용기를 얻는다는 것은 참으로 행복한 일이다. 바로 이 책이 그렇다. 이 책을 벗 삼아 지금 이 순간 살아있는 것만으로도 나눔이 가능하다는 생각의 전환과 다채로운 나눔 이야기들을 통해 발 딛고 선 지금 여기에서 희망을 더불어 함께 만들어 보자. - 배성호(전국초등사회교과모임 공동대표)

나눔교육자이자 실천가인 전성실 선생님은 나눔과 실천을 통한 사회·정서 역량의 함양이 바람직한 미래역량이라고 말한다. 나눔이 있는 삶의 발견을 위하여 정성스레 빚어낸 선생님의 이야기를 따라가다 보면 나눔을 매개로 한 나와 타자에 대한 이해에 성큼 다가설 수 있다.

- 함영기(서울특별시교육청 장학관)

나눔이라는 어쩌면 흔한 단어에 대해 우리가 이렇게 무지했다는 것을 잘 일깨워주는 책. 나눔교육을 실천하는 선생님이 직접 나눔에 대해 나눔을 하기에 마음에서 우러나는 진정성을 그대로 느낄 수 있다. 나눔을 실천하고자 하는 사람들 모두가 이 책을 읽고 나눔에 대해서 주변 사람들에게도 많은 이야기를 할 수 있게 되기를 바란다.

－ 정지훈(경희사이버대학교 교수, 《내 아이가 만날 미래》 저자)

주는 것뿐 아니라 받는 것, 존재하는 것도 나눔이라는 것을 알려주는 새로운 관점의 책. 무엇보다 오랜 경험과 실전이 묻어나와 누구나 쉽게 읽고 즐길 수 있다. － 오호진(명랑캠페인 대표)

나눔을 마주하는 우리 개개인의 마음을 들여다보게 하고 다양한 관점에서 바라볼 수 있도록 돕는다. 실제 사례와 영화, 방송자료 등 풍부한 이야깃거리를 통해 자연스럽고 편안하게 말을 건네는 각 장을 읽다 보면 나눔에 대한 ABC를 쉽게 이해할 수 있을 것이다. 4차 산업혁명, 인공지능의 시대를 살아갈 우리가 삶에서 무엇을 중시해야 하는가를 다시 생각해본다. 우리가 나눌 수 있는 것은 참 많다. 살아서 존재하는 것만으로도 나눔이라는 따뜻한 말이 마음을 울린다. － 최서연(상탄초 교사, 인디스쿨 운영진)

저자의 '나눔' 철학은 부담스럽지 않다. '나'로부터 출발하기 때문이다. 현대시민의 교양과 태도를 내세우는 책임과 의무로서의 나눔이 아니라 '나'에 대한 사랑과 자존감을 먼저 이야기한다. 나눔은 '나'로 시작되는 사회적 연대이다. 이론보다는 현장, 책보다는 사람을 통해 오랫동안 숙성시킨 '아름다운 나눔인문학'의 첫 책. 기다리던 이 봄날의 책이다.

－ 정현경(비영리컨설팅 웰펌 수석연구원, 《모금을 디자인하라》 《한국의 모금가들》 저자)

저자의 나눔교육은 명강의다. 행복이란 파랑새를 찾을 수 있는 힘을 준다. 자신이 얼마나 소중한 존재며 얼마나 많은 나눔을 주고받으며 살아가는지 깨닫게 해주는 이 책에는 더불어 행복해지는 나눔의 꿈이 담겼다. 빅토르 위고의 말처럼 오늘 유토피아이던 것이 내일에는 살과 뼈가 될 것이다. —김누리(사회복지공동모금회 경영지원본부장, 《기부향기는 매콤한 페퍼로드를 타고》 저자)

초등학교에서 나눔수업을 시작한 지 5년차. 나눔 선생님들은 늘 "수업하면서 아이들이 조금씩 마음을 열고 표정이 변하는 것을 보며 우리가 행복해지고 성장했어요."라는 말을 한다. 이 책을 통해서 받는 것도 나눔이라는 것, 또 한 번 다양한 나눔을 만나게 되어 앞으로의 나눔이 기대가 된다. —강윤정(남양주시자원봉사센터 교육담당자)

살아 숨 쉬는 동안 만나는 모든 나눔에 대한 책. 우리 주변에 다양한 모습으로 존재하는 나눔, 너와 나 그리고 더불어 사는 우리를 여러 관점으로 바라볼 수 있게 해준다. 이 책을 통해 바쁜 세상 속 잊고 있던 나눔을 자꾸 꺼내보게 된다. —장지윤(부천시 자원봉사센터)

《아름다운 나눔수업》을 통해 나눔은 주는 것을 넘어서 내가 가진 것이 없어도 다른 사람과 소통하는 것으로 가능하다는 생각을 가지게 되었다. 이 책에서는 더 나아가 '받기만 하는 것도 나눔이다'라는 것, 교사로서 인사를 받아주기만 해도, 아이들 이야기를 들어주기만 해도 나눔이라는 구절이 묵직하게 다가왔다. 비정규직 22.4%, 비정규직이 1년 뒤 정규직이 될 확률 11%인 분배 불균형 시대, 적은 소득으로도 행복해질 수 있는 사회구조를 '마을의 나눔'을 통해 큰 그림 그려가는 모습이 감동이었다. 개개인이 살아있는 것만으로도 나눔이지만, 나눔을 통해 관계가 돈독해지는 나눔, 일방적인 나눔이 아닌 서로 나눔을 하는 세상을 꿈꿔 본다. - 허승환(서울 난우초 교사, 예은이네 운영자, 《토닥토닥 심성놀이》 저자)

삶에 있어 의식주처럼 가장 기본적이고 당연하게 여겨지지만, 기준과 경험이 사람마다 다 달라서 참 어려운 것이 '나눔'에 대한 정의와 실천이 아닌가 싶다. 나지막한 문턱 너머 소박하지만 따뜻하게 차려진 밥상 같은. 막상 한술 뜨면 눈물 나게 고맙고 오래도록 든든한 책이 나와 참 반갑다. 이 책의 저자가 마주하는 일상과 전달되는 메시지도 그러하다는 것을 알기에 대뜸 모두를 초청하고 싶어진다. - 김데보라(더시안 대표)

진보한 교육은 환영과 박수를 받지만,

진부한 교육은 비난과 외면을 받는다.

나눔의 미학이야말로 환영과 칭송을 받아 마땅하다. - 김민호(오랜 벗)

OECD 국가 중 우리나라의 공동체지수는 최하위. 먹고살고 경쟁하느라 각자도생하기 바쁘다. 그럴수록 삶은 더 팍팍해진다. 작은 것이라도 서로 나누면서 공동체 속에서 많은 것을 해결해왔던 예전 풍경은 점점 멀어져간다. 나눔의 몸과 맘의 근육도 퇴화되고 어설픈 나눔의 제도화 노력은 상황을 더 악화시키고 있다. "살아있는 것도 나눔이다!"는 그 자체로 위로의 메시지다. 한참 서툴어진 나눔을 조금씩 회복할 수 있도록 따뜻한 손을 내밀어 이끈다. 참 감사한 책이다. - 박윤애(자원봉사이음 대표)

전성실! 불모지 나눔교육 현장의 새로운 장을 일군 이름답게. 삶 속에서의 나눔에 대한 이야기를 인문학적 소양으로 쉽고 재미나면서도 깊이 있게 건네고 있다. 행복하고 싶은 분들은 꼭 이 책이 들려주는 소박한 이야기에 귀 기울여보길 권한다. - 장보임(사회복지공동모금회 나눔연구소 소장)

머리말

2016년 광화문광장에서 촛불집회가 매주 열리는 모습을 보면서 SNS에 이런 글을 올린 적이 있습니다.

"촛불집회는 거대한 나눔의 장이 될 것입니다."

그 뒤로 촛불집회에서는 실제로 많은 나눔이 일어났습니다. 사람들은 누가 시킨 것도 아닌데 들고 있던 초를 나누기도 하고, 먹을 것을 만들어 와서 나누기도 하고, 집회 중에 연단에 올라가 서로의 생각을 나누기도 하고, 가수들은 무료로 공연을 나누는 등 이전의 집회에서는 보기 힘든 다양한 나눔들이 일어났습니다. 그로 인해 집회는 싸우는 공간이 아니라 축제의 공간으로 바뀌었습니다. 축제의 공간에서 한 번 터진 나눔은 그 끝을 알 수 없을 정도로 확산되고 다양해졌습니다.

사람들은 나눔이라고 하면 많이 가진 사람이 가지지 못한 사람에게 자신이 가진 것을 주는 것이라고 생각합니다. 그렇기 때문에 가진 것이 별로 없는 사람은 나누기를 주저합니다. 그래서 나눔은 특별한 사람들만 할 수 있는 것이라고 생각합니다. 하지만 광화문광장에서는 주는 사람 받는 사람 구분 없이 서로 자연스럽게 나눌 수 있었습니다. 그야말로 나눔의 축제였습니다.

하지만 광장을 떠나 일상으로 돌아가게 되면 사람들은 다시 나눔을 어렵게만 생각합니다. 나눔의 일상성이 사라집니다. 왜 나눔은 삶 속에서 자연스럽게 누구나 할 수 있는 것이 되지 못할까요? 주는 사람 받는 사람 구분 없이 누구나 좀 더 일상적으로 나누면 더 많은 나눔이 일어날 텐데 말입니다. 이런 고민에서 이 책은 시작되었습니다.

학교를 떠난 지 벌써 3년…. 그동안 1,000번이 넘게 전국에서 강연을 하며 안 다녀본 곳이 없습니다. 어린이집, 복지관, 학교, 자원봉사단체, 동대문쪽방촌, 재활원, 사회적 기업, 협동조합 등 나눔이란 단어만 들어가면 어디든 달려갔습니다.

수많은 곳에서 수많은 사람들을 만나면서 수많은 나눔을 접했습니다. 학교 안에서 아이들의 나눔만을 접할 때와는 다른 나눔을 접했습니다. 교실에서는 배울 수 없었던 나눔을 배울 수 있었습니다. 나눔에 대해 그렇게 많이 이야기하고 다녔지만 정작 그 자리에서 그들에게 듣고 배운 나눔이 더 많습니다. 제가 나눈 나눔보다 받은 나눔이 더 많습니다. 기존의 책에서는 절대 읽을 수 없는 수많은 나눔을 받았습니다.

서로 다른 곳이라 해도 나눔의 모습은 서로 다르지 않았습니다. 서로 주고받으며 소통하려 하고 관계 맺으려 하는 것은 다르지 않았습니다. 그런데 기관에 따라 다르다고 생각하고, 주체에 따라, 예산에 따라 다르다고 생각하고 있습니다. 이제는 서로 다름을 인정하고 함께할 수 있는 나눔이 필요하다는 생각이 들었습니다. 예를 들면 한 지역에서 똑같은 강연을 3~4번 할 때가 있습니다. 심지어 수강생들도 크게 다르지 않습니다. 이유는 예산이 다르고 주관부서가 다르기 때문입니다. 한 번에 모여서 다 같이 들으면 되는데 따로따로 들어야만 한답니다. 그런데 활동하시는 분은 많지 않으니 오시는 분은 거기서 거깁니다. 분야를 넘나들며 강연을 하다 보니 이런 비

효율적인 일들이 보입니다. 서로 협력하면 더 많은 일들을 할 수 있는데 말입니다. 아직 나눔과 관련된 일들이 시작된 지 얼마 되지 않았고 성과 위주로 일을 진행하다 보니 생기는 현상이라고 생각합니다. 그래서 이제는 서로 앞만 보고 달리기보다 주위도 둘러보면서 갔으면 좋겠습니다.

　이 책은 저 혼자만의 나눔이야기가 아니라 수많은 사람들의 나눔이야기입니다. 때로는 주는 나눔으로, 때로는 받는 나눔으로, 때로는 주고받는 나눔으로 서로에게 의미 있었던 이야기들입니다. 제 역할은 그들의 이야기를 널리 알리고 정리하는 것이라는 생각이 듭니다.

　이 책은, 1장은 나눔이 무엇인가, 2장은 왜 나눠야 하는가, 3장은 어떻게 나눠야 하는가, 4장은 뭘 나눠야 하는가, 이렇게 크게 네 부분으로 나뉘어 있습니다. 1장에서는, 대부분의 사람들이 나눔을 기부나 봉사 정도로만 알고 있기 때문에 어렵고 힘든 것으로 알고 있는데 나눔은 누구나 쉽게 어디서든 할 수 있다는 것을 이야기합니다. 그런 의미에서 강연을 다니며 가장 이해시키기 어려운 대상을 기준으로 삼고 그들이 이해하면 누구나 알아들을 수 있겠다는 생각을 했습니다. 그들은 바로 노인들입니다. 나이가 많은 어르신들은 나눔을 기부나 봉사로만 알고 계신 경우가 많았고 조금이라도 재미없거나 이해가 안 되면 말없이 나가거나 대놓고 주무셨습니다. 어떻게 이야기하면 그런 노인들도 이해하기 쉬울까를 고민했습니다. 그래서 선택한 것이 동물들의 나눔이었고 그 안에서 기생과 공생의 개념을 끄집어냈습니다. 결과적으로 누구나 나눔에 대해 쉽게 다가갈 수 있는 강연을 할 수 있었습니다.

2장에서는 상대가 불쌍해서 나눈다는 생각을 가진 분들에게, 나누는 이유는 다양하며 누구나 줄 수도 받을 수도 있다는 점을 이야기했습니다.

3장은 나누는 방법에 대한 것으로, 주로 공감과 질문에 대해 이야기했습니다. 결국은 소통이 가장 좋은 나누는 방법인데 그것을 위해서는 상대의 감정을 느껴보려고 하고 물어보는 것이 가장 중요했습니다.

4장에서는 무수히 많은 나눔들 중에 정리할 수 있는 것들을 정리했습니다. 예전에는 개인 간의 나눔을 주로 고민했지만 학교를 나오면서부터 개인과 집단, 집단과 집단, 공동체 안에서의 나눔도 중요하게 다가왔습니다. 그래서 개인에서 집단을 거쳐 공동체로 확장시켜가며 이야기했습니다.

평소 말주변이 부족해 영화의 한 장면들을 넣어 이야기를 대신하고 질문을 던지는 식으로 강연을 하는데 그것들이 쌓이고 묶어보니 하나의 책이 나올 수 있었습니다. 책 중간중간에 나오는 영화들은 개인적으로 아끼는 영화들이고 감동받은 것들입니다. 책을 읽고 나서 영화를 보면 나눔에 대한 이해가 더 깊어질 수 있습니다. 12년 동안 나눔에 미쳐 살다 보니 뭘 봐도 다 나눔으로 연결됩니다. 나눔은 삶의 모든 곳에 있습니다.

첫 책인 《아름다운 나눔수업》을 쓴 지 5년 만에 서재에 처박혀서 되지도 않는 글을 쓴다고 힘들게 한 가족들에게 미안하고, 글 쓰는 동안 끊임없이 소통하며 도와준 착한책가게 출판사 이성숙님께 고맙습니다.

2017년 2월
전성실

1장

나눔은 제각각의
빛깔로 빛난다

기생과
나에게 하는
나눔

"저주에서 벗어나려면
너 자신을 사랑해라."
– 영화 〈페넬로피〉 중에서

자신도 알지 못하는 이끌림에 희생양인 여치들이 숨을 헐떡이고 있습니다. 이윽고 쓰윽 여치의 항문에서 나오는 연가시. 여치의 몸에서 기생하다가 성장이 끝나는 가을이면 숙주인 여치를 조정해서 물가에 데려와 제 살길을 찾아가는 것입니다. 길이가 10센티미터에서 90센티미터에 이르고, 숙주 한 마리에서 다섯 마리씩 기생하기도 하는

나눔은 제각각의 빛깔로 빛난다
...

연가시는 숙주의 몸을 만신창이로 만드는 잔인한 놈들입니다. 연가시에게 영양을 다 빼앗긴 여치는 그대로 죽음을 맞았습니다. 목적을 이룬 연가시는 겨울 동안 물속에서 여러 마리가 뭉쳐서 월동을 하고, 봄이 오면 산란한 알들이 다시 여치 같은 육식성 곤충의 몸에 들어가서 잔인한 기생을 시작할 것입니다.

– MBC 〈곤충, 위대한 본능 1부 : 본능전쟁〉(2013년 11월 29일) 중

몇 해 전 〈연가시〉라는 영화를 본 적이 있습니다. 바로 다음 해에는 연가시의 생애를 다룬 TV 다큐멘터리가 방영되기도 했습니다. 다른 생물에 기생하며 살아가는 연가시에 대한 이야기였습니다. 그 뒤로 '기생하는 생물' 하면 연가시가 떠오릅니다.

기생이란 무엇일까요? 다른 이의 몸에 들어가서 영양분을 빼앗아서 살아가는 것을 말합니다. 연가시는 여치의 몸에 들어가서 영양분을 빨아먹기만 합니다. 요즘엔 이런 걸 뭐라고 하지요? 바로 '먹튀'라고 합니다. 받아먹기만 하고 튀어버리는 것 말입니다. 주는 것 하나 없이 받기만 하는 것이지요.

연가시는 왜 이렇게 받아먹기만 할까요? 왜 주지는 않고 남의 것을 그냥 **빼앗기**만 할까요? 이유가 뭘까요? 아마도 자기가 살아남기 위해서일 것입니다. 또 그뿐 아니라 자신의 종족을 유지하기 위해서이기도 할 것입니다. 연가시는 다른 이에게는 주는 것이 없지만 자기 자신에게나 자기 종족에게는 많은 것을 주고 있습니다. 여치의 관점에서 보면 이런 연가시가 매우 이기적이지만, 연가시 자신과 연가시 종족의 관점에서는 이타적일 수도 있습니다.

이기적인 것은 나쁜 것이다?

아이들과 나눔교육을 할 때면 이런 아이들이 있습니다.

"선생님, 왜 자꾸 나누라고 하세요? 저는 나누기 싫어요. 제가 가진 것은 저한테만 쓸래요."

이런 이야기를 들었을 때 그 아이에게 나눔을 왜 해야 하는지에 대해 딱히 해줄 말이 없었습니다. 그저 나누면 모두가 행복해진다는 말밖에는요. 그렇다고 그 아이가 아주 이기적이고 나쁜 아이는 아닙니다. 단지 자신이 가지고 있는 것을 자신을 위해 쓰고 싶다는 것일 뿐입니다. 그런데 우리는 이런 아이를 이기적이라 여기고 이타적인 아이로 만들기 위해 교육을 해야 한다고 생각할 때가 많습니다. 정말 이기적인 것은 나쁘기만 하고, 이타적인 것은 좋기만 한 걸까요?

아이들과 '몸으로 할 수 있는 나눔'을 생각해보는 수업시간 때의 일입니다. 몸의 각 부위가 나눌 수 있는 것을 생각해보고 포스트잇에 적어서 실제로 몸에 붙여보는 수업입니다. 그런데 가끔 이런 글들이 나옵니다.

"입－음식을 먹을 수 있다."
"눈－친구를 볼 수 있다."
"코－숨을 쉴 수 있다."

처음엔 아이들에게 자신을 위해서 할 수 있는 것 말고 남을 위해서 할 수 있는 것으로 바꿔보자고 했습니다. 그런데 가만 생각해보니 내 몸 각 기관의 역할이 남을 위한 것이 먼저가 아니라 내 몸을 위한 것이 먼저란 생각이 들었습니다. 몸을 전체로 보면 각 부위가 몸을 위해 나누는 일을 한다고 볼 수도 있습니다. 그것은 이기적이라기보다는 기본적인 욕구입니다. 그러니 틀린 답이 아니라 오히려 더 권해야 할 답이었습니다. 이기적인 것은 나쁜 것이 아니라 나눔의 출발이었습니다.

나에게 '고맙다, 사랑한다'고 말해본 적 있나요?

'나눔'이라고 하면 우리는 보통 누구한테 주는 것이라고 생각합니다. 그런데 정작 자신에게는 나눈 적이 있나요? 자신에게도 나누지 못하면서 다른 이에게 먼저 나눈다는 것은 앞뒤가 맞지 않습니다. 나눔은 자신에게 먼저 해야 합니다. 자신에게 나눠본 적이 없는 사람은 받는 사람의 마음을 잘 알지 못합니다. 받는 사람의 마음을 잘 알지 못하기 때문에 자기 마음대로 나누게 됩니다.

살면서 자신에게 '고맙다, 사랑한다'고 큰 소리로 말해본 적이 있나요? 아마 별로 없을 것입니다. 그리고 설령 한다고 하더라도 대개는 속으로만 하지 겉으로는 잘 하지 못합니다. 나눔은 누군가를 위해서가 아니고, 나를 위해서 시작해야 합니다. 그래야 다른 이에게 나눔을 했을 때 내가 손해 본다는 생각이 들지 않습니다. 그리고 자신에게 나누듯이 남에게도 자연스럽게 나눌 수 있습니다.

내가 무언가를 나누면 나눈 것이 남에게 그대로 드러나기 때문에 누군가 그것을 받아주지 않거나 그 나눔으로 인해 나만 손해 볼 것 같은 느낌이 들면 바로 나눔이 멈춰버립니다. 하지만 나에게 나누듯이 나누면 그것 자체로 의미가 있기 때문에 손해를 보거나 누군가 보상을 해주지 않더라도 실망하거나 상처받거나 멈추지 않게 됩니다.

예를 하나 들어볼까요? 요즘 자원봉사를 하는 분들이 많은데 자원봉사는 그 자체로 의미 있는 활동입니다. 하지만 남을 위해서 하는 것이라고만 생각하면, 남이 받아주지 않거나 누군가 인정해주지 않으면 자신이 괜한 일을 하는 건 아닌지 고민에 빠지게 됩니다. 특히 요즘엔 자원봉사를 하면 활동비라는 것을 받습니다. 그런데 그동안 활동비를 받지 않고 자원봉사를 해오던 자원봉사자가 활동비를 받는 사람과 비교를 하게 되면 자신이 한 봉사가 인정받지 못하는 것은 아닌지, 활동비를 받는 봉사에 비해 무의미한 것은 아닌지 고민하게 됩니다.

하지만 내가 한 자원봉사가 인정받지 못하거나 활동비를 받지 못한다고 해서 의미가 없는 것은 전혀 아닙니다. 그것 자체로 이미 매우 의미 있는 활동입니다. 그래서 나눔의 시작은 나에게 하는 나눔부터입니다. 나에게 나누듯이 나누면 손해 본다는 생각 없이, 그 자체로 매우 뿌듯하고 의미 있는 활동이 됩니다.

나에게 하는 나눔

나에게 하는 나눔에는 어떤 것들이 있을까요?

먼저 나에게 하는 고마운 말이 있습니다. 날마다 자기 전에 하루 종일 힘들었을 나에게 '고맙다, 사랑한다'고 크게 말해주세요. 하루 종일 다른 이들에게 그런 말을 많이 한다 하더라도 정작 자신에게는 그런 말을 하지 못하기 때문입니다. 또 다른 사람에게서 그러한 말을 들을 기회도 별로 없습니다. 평소에 내가 나에게 그런 말을 자주 해주면 어떤 마음이 드는지 알기 때문에 다른 사람에게 말할 때 자연스럽게 할 수 있습니다.

사랑의 출발은 '나'에게 하는 것.
매일 하루종일 힘들었을 나에게 무려 공짜!
"고맙다", "사랑한다"는 말해주기

나에게 선물을 할 수도 있습니다. 한 달에 한 번 정도는 나에게 수고했다고 선물을 해보세요. 내가 좋아하는 음식을 먹을 수도 있고, 내가 좋아하는 물건을 살 수도 있습니다. 저는 개인적으로 저에게 신발을 사줍니다. 전국으로 강의하러 다니느라 수고한 제 발을 위해 좋은 신발을 선물합니다. 다른 사람에게만 선물하지 말고 자신에게도 선물을 해주세요.

마지막으로 나에게 주는 시간이 있습니다. 저는 한 달에 한 번은 하루 종일 아무것도 안 합니다. 그냥 누워서 뒹굴뒹굴합니다. 이렇게 하루 종일 누워 있다가 거실에 나갔을 때 아들이 누워 있는 것을 보면 '아, 쟤도 오늘 누워서 쉬는 날이구나.' 하는 생각이 들면서 이해가 됩니다. 만약 제가 저한테 뒹굴거리는 시간을 주지 않았다면, 저만 힘들게 일하고 아들은 맨날 노는 것 같아서 화가 날 수도 있을 것입니다.

"그래서 뭔데? 다이어트의 일급비밀이."

"자기 자신을 싫어하지 않는다. 결국 꾀부리거나 자기 합리화시키면 자신이 싫어지잖아? 그래도 그 감각에 익숙해지면 안 되는 거야. '오늘 정도는 운동 안 해도 되겠지'

가 아니라. 꾀부리면 자신을 싫어하게 되니까 해야지. 도
망가거나 포기하면 내 자신이 싫어지니까 끝까지 해야지.
요점은 절대로 자신을 싫어하지 않는 거야."

– 영화 〈체지방계 타니타의 사원식당〉(2013) 중

다이어트는 나를 위해 하는 것입니다. 다른 사람에게 잘 보
이기 위해서, 다른 사람이 하라니까 하는 것이 아닙니다. 나의
건강과 외모를 위해서 하는 것입니다. 당연히 나를 사랑하기
때문에 하는 것이어야 합니다.

그런데 대부분은 나와 누군가를 비교하고, 그로 인해 내 모
습이 싫어지기 때문에 다이어트를 합니다. 그래서 그 사람처
럼 되기 위해, 또는 누군가에게 인정받기 위해 다이어트를 시
작합니다. 그러면 20킬로그램을 빼도 만족스럽지 않습니다.
하지만 나를 사랑하기 때문에, 내 몸의 건강을 위해서 다이어
트를 하면 1킬로그램이 빠져도 만족스럽습니다.

나눔도 마찬가지입니다. 누군가를 위해서가 아니라 나를
위해 시작하는 것입니다. 그래서 저는 나눔교육을 할 때 가장
먼저 자존감 교육부터 합니다. 자신의 자존감이 낮은데 나눔

을 하는 것은 어찌 보면 가식이나 허세일 수도 있습니다. 자신에게 나눌 줄 알고 자존감도 올라간 상태에서 나누는 것이 더 진심 어린 나눔이 될 수 있습니다. 다른 이에게 피해를 주지 않는 선에서 나에게 나누는 것과 내 것을 나에게 나누는 것은 이기적인 행동이 아니라 이타적 행동의 또 다른 모습이라고 볼 수 있습니다.

공생,
주고받는
나눔

> "나눔은 주기만 하는 것이 아니라
> 주고받는 것입니다.
> 함께 공유하는 것입니다."
> – 전성실, 《아름다운 나눔수업》 중에서

개미는 진딧물이 엉덩이에서 내놓는 달착지근한 배설물을 아주 좋아합니다. 그 대가로 개미도 진딧물을 보호해 줍니다. 작고 힘이 없는 진딧물은 종족을 보존하기 위해 뱃속에서 미리 알을 낳아서 새끼형태로 출산을 합니다. 진딧물의 천적인 무당벌레가 왔습니다. 저항할 힘이 없는 진딧물을 맛있게 먹던 무당벌레의 즐거움은 하지만 오래

가지 못합니다. 진딧물의 흑기사, 개미들이 나타났기 때문이지요.

- MBC 〈곤충, 위대한 본능 1부 : 본능전쟁〉 중

악어와 악어새, 개미와 진딧물의 공통점은 무엇일까요? 바로 공생하는 동물이라는 것입니다. 전혀 어울릴 것 같지 않은 두 동물이 서로 도와가며 살아갑니다. 악어는 악어새를 보호해주고 악어새는 악어의 몸을 청소해줍니다. 개미는 진딧물을 무당벌레로부터 보호해주고 진딧물은 개미에게 꿀물을 내놓습니다.

자연생태계에서 서로 살기 위해 하는 공생은 중요합니다. 하지만 개미는 진딧물이 정말로 예뻐서 보호해줬을까요? 꼭 그런 것만은 아닐 것입니다. 진딧물의 배설물을 먹이로 하기 때문에 그것을 만드는 진딧물이 사라지는 것이 두려워서 보호해준 것이기도 합니다.

이는 옳다 그르다의 문제는 아닙니다. 기생은 무조건 이기적이기만 하고, 공생은 무조건 이타적이기만 한 것일까요? 나누지 못하는 사람은 무조건 이기적이기만 하고, 나누는 사

람은 무조건 이타적이기만 할까요? 나누지 못하는 사람에게
도 이타적인 부분이 있고 잘 나누는 사람에게도 이기적인 부
분이 있는 건 아닐지, 이에 관한 생각을 조금 넓혀보면 좋겠
습니다.

1만 시간 봉사상의 비밀

요즘 강의를 다니면서 이따금 이와 비슷한 이야기를 듣습
니다.

"선생님, 저희 동네에 자원봉사 1만 시간 하고 상을 받은
분이 있습니다. 그런데 그 분은 아침에 시작할 때 와서 사인하
고 갔다가 끝날 때쯤 와서 사인하고 가십니다. 그러고도 1만
시간 봉사상을 받습니다. 그건 좀 아니다 싶습니다."

저에게 이런 이야기를 하는 속내는 그 분을 혼내달라는 게
아니라 그저 속상한 마음을 들어달라는 것입니다. 정작 동네
사람들에게는 그 분에 대한 이야기를 할 수 없기 때문입니다.
같은 동네에서 이야기가 잘못 흘러들어 가면 서로 일하기가
힘들어지니까요. 그러니 동네 사람들을 전혀 모르는 제게 이

야기를 하고 푸는 것입니다.

 그런 분들은 나쁘니까 혼내주자는 뜻에서 이 이야기를 한 것은 아닙니다. 봉사를 할 때에 그런 분들도 계시다는 것을 알고 있으면 그런 분들을 볼 때 실망을 덜 할 수 있습니다. 아무리 봉사를 많이 한 사람이라 해도 목적이 꼭 남을 위한 이타적인 것에만 있는 것은 아닐 수 있습니다. 공생한다고는 하지만 그 의도가 모두 좋은 것만은 아닐 수 있다는 것입니다. 목적 자체가 어느 정도 개인적일 수 있습니다. 주고받는다고 하지만 어느 한쪽의 일방적인 의도가 들어갈 수도 있습니다.

 기생을 이기적인 것으로만 보지 말아야 하듯 공생을 이타적인 것으로만 볼 필요도 없습니다. 연가시처럼 기생도 자식에게는 이타적인 측면이 있을 수 있고, 개미와 진딧물처럼 공생도 자신을 위한 이기적인 측면이 있을 수 있습니다. 나눔에 대해 생각할 때에는 어느 한 부분만 보기보다는 다양한 부분을 봐야 합니다. 그래야 서로 실망하지 않고 지속적으로 나눔을 할 수 있습니다.

형과 동생의 어긋난 공생

"전세금 뺐고 사채 갚았어. 나머진 뭐 다른 일이라도 구해
보든가, 생활비라도 해."

"야, 임마. 니가 이걸 왜 갚아, 니가. 형이 알아서 한다니
까. 넌 왜 쓸데없이."

"나 이 돈 필요 없으니까 그냥 가져가. 그래, 지금까지 형
한테 받은 거 갚은 거라고 치자."

"성호야, 니가 뭘 갚을 게 있어, 형한테. 그런 말 하지 마.
두 번 다시 그런 말…."

"형 위해서 갚은 게 아니라 날 위해서 갚은 거야. 알아들
어?"

"성호야."

"차라리 이렇게라도 해서 형 좀 떨쳐내고 싶어서. 알았
어?"

"떨쳐내? 아무리 못난 형이라도 어떻게 그런 말을 해? 형
이 지금까지 어떻게 살아왔는데. 형 지금까지 너 하나 위
해서 달렸어. 비록 30km까지지만 그래도…."

"내가 언제 날 위해서 달리라고 강요한 적 있어? 그래, 지금까지 날 위해서 달린 거라면 그만 달려. 형 달릴 때마다 내 마음이 어땠는지 알아? 형 뛰는 거 볼 때마다. 그럼 난 뭐 해야 되냐고. 형이 나한테 갖는 기대 때문에 내가 뭐 좋아하는지 생각할 시간도 없이 죽어라 공부하고 좋은 직장 취직하고. 그래서 뭐."

"그래, 그랬구나. 니가 형 때문에…. 성호야, 형이 다 알았으니까, 그래도 너 이거 받아."

"그만 좀 하라니까. 나 형 이럴 때마다 무슨 돌멩이 매달고 있는 것 같아. 형 이럴 때마다 나 심장이 짓눌려서 터져버릴 것 같아. 모래알 씹는 것처럼 서걱거려."

– 영화 〈페이스메이커〉(2012) 중

영화 〈페이스메이커〉에 나오는 형제는 서로 의지하면서 도우며 살았습니다. 형은 마라토너로서 페이스메이커 역할을 하면서 동생을 명문대 졸업시키고 외무고시까지 합격시켰습니다. 동생도 형의 기대를 저버리지 않으려고 죽어라 공부해서 외무부 직원이 되었습니다.

그런데 둘의 생각을 솔직하게 이야기할 기회가 생겨 막상 이야기를 나눠보니 형은 동생을 위해서 뛰었고 동생도 형을 위해서 공부했다고 말합니다. 서로 상대방을 위해 살아왔던 것이지요. 그런데 행복하지 않았습니다. 형은 자신을 위해서 완주하고 싶었고 동생은 자신을 위해서 하고 싶은 일을 찾고 싶었습니다.

그것이 채워지지 않자 상대에게 자신이 이루고 싶은 것들을 강요하기 시작했습니다. 형은 자신이 애쓴 것에 대한 보상으로 동생이 열심히 공부하기를 바랐고, 동생은 형이 동생 자신을 위해 열심히 뛰기를 바랐습니다. 분명 이타적인 행동을 했는데 결국 상대가 원하는 것을 해주기보다는 자신이 바라는 것을 해주기를 원하는 꼴이 되었습니다.

얼핏 보면 둘이 공생을 한 것 같지만 실은 자신들의 욕심을 채우기 위해 상대에게 나눈 것입니다. 서로가 좀 더 자신이 원하는 것을 채우면서 나눴다면 다른 결과가 나오지 않았을까요? 결국 영화 마지막에 동생은 형이 형 스스로를 위해 뛰기를 바랐고 형은 완주를 했습니다.

나눔은 100% 이타적일 수 없습니다. 남을 위한 행동이라고 생각하지만 그 속에는 자신을 위한 것도 있습니다. 그럴 때는 솔직히 자신을 위해 무엇을 해주기를 바란다고 밝히는 것이 나중에 서로에게 상처가 되지 않습니다.

모성애,
주기만 하는
나눔

"선인장이라고 해서
물 없이 사는 건 아니잖아."
- 영화 〈매기스 플랜〉 중에서

봄부터 분주한 어미 왕바다리가 제일 먼저 하는 일은 집
을 짓는 겁니다. 나무를 갉아서 입안의 타액과 오물오물,
집을 지을 재료를 스스로 만들고요. 육각형의 방을 한 칸
한 칸 입에서 재료를 뱉어내며 홀로 집을 짓습니다. 가장
신경을 쓰는 건 이음새 부분입니다. 이음새가 허술하면
집의 안전이 위협받기 때문에 잊지 않고 점검을 합니다.

어미는 집을 완성해가면서 육각형의 방마다 하나씩 알을 낳으며 식구를 늘립니다.

아기들이 잘 자라나 살펴보니 아무래도 집이 건조한 듯합니다. 입안 가득 물을 물고 와서는 방마다 한 방울씩 넣어서 습도를 맞춰주고, 알이 마르지 않게 해줍니다. 다음엔 마치 선풍기처럼 날갯짓을 해서 공기를 순환시키고 새끼들이 부화하기 좋게 온도를 조절합니다. 쉴 때조차 집을 끌어안고 있는 엄마. 비를 맞으면 이번엔 일일이 물을 빨아서 뱉어냅니다. 방 안에 수분이 많아지면 알들이 쉽게 썩고 상하기 때문입니다. 그렇게 밤낮 없는 어미의 지극정성으로 하루하루가 갑니다.

오매불망 어미에게 드디어 기쁜 소식이 들려옵니다. 새끼들이 얼굴을 내밀기 시작한 것입니다. 하지만 불청객도 꼬입니다. 어미는 신경이 잔뜩 곤두서서 새끼들을 노리는 고약한 개미들을 쫓아냅니다. 새끼들이 무사한지 확인하면서도 어미는 마음이 급한데요, 알들이 부화해 애벌레가 되면서 엄마는 더욱 바빠졌습니다. 먹성 좋은 새끼들은 하루 종일 먹이를 날라도 부족합니다. 어미야 꿀을 먹지만 새끼들은 단백질을 먹어야 어른으로 빨리 성장할 수 있습니다. 누구 하나 모자라지 않게 먹을 것을 골고루 나눠주고 새끼들의 성장상태도 꼼꼼하게 살핍니다. 병들거나 상태가 좋지 않은 새끼는 꺼내서 다른 새끼들의 먹이로 씁니다. 치열한 삶을 살아가는 곤충의 모성본능은 때로는 냉정하게 종족의 번식과 생존을 위해 움직입니다. 잠시의 쉴 틈도 없이 또 사냥입니다.

어떻게 알았을까? 어느새 개미떼가 슬금슬금. 새끼들에겐 엄마가 절실합니다. 하지만 어미가 없는 집에서 개미들이 제 세상을 만났습니다. 새끼들은 살고 싶어서 개미에게 위액을 토해놓습니다. 자신은 살려달라는 절박한 생존의 본능인데요. 어미는 아무것도 모른 채 새끼들을 위해 사냥해놓은 애벌레를 다듬고, 필사적인 새끼들의 저항에도 불구하고 개미들은 순식간에 집 안을 초토화시킵니다. 애벌레로 실컷 배를 채운 개미들은 먹이까지 챙겨서 유유히 돌아갑니다. 돌아온 어미는 기가 막힙니다. 확인하고 또 하고, 들여다보고 또 들여다보아도 도저히 믿을 수가 없습니다. 새끼들은 이미 몸이 다 상해서 가망이 없습니다.

어미 왕바다리는 포기하지 않고 다시 새끼를 키워냈습니다. 먼저 나온 형제들은 다른 형제들이 나오는 걸 도와주고, 어미 왕바다리는 집이 위험하다고 판단되면 이렇게 몇 번이고 장소를 옮겨서 새로운 집을 짓고 처음부터 다시 시작합니다. 어미에게 절망은 없습니다. 새끼들이 우화해서 일벌이 되면 힘을 합쳐 집 안을 꾸밉니다. 어미는 계속 알을 낳고, 태어난 일벌들은 함께 집을 보수하며 물을 빨아들여 습도를 조절하고 사냥을 해 와서 자손을 번성시킵니다. 마치 우애 좋은 형제들처럼 일벌들은 저마다 어미를 돕습니다. (중략)

가을이 깊었습니다. 남부러울 것 없는 대가족을 이룬 어미의 역할도 끝나갑니다. 곧 겨울이 닥칩니다. 성장이 끝난 벌들은 하나둘씩 엄마 품을 떠나고, 지난 봄 집을 짓고 알을 낳던 그 시절로 돌아간 듯 고요한 집 안에서 어미는 일생을 마칩니다. 엄마의 본능으로 고단했지만 보람찼던 어미 왕바다리의 삶도 자연으로 돌아갑니다.

– MBC 〈곤충, 위대한 본능 1부 : 본능전쟁〉 중

앞에서 받기만 하는 것과 주고받는 것에 대한 이야기를 했습니다. 그럼 뭐가 남았을까요? 주기만 하는 것이 남았습니다. 대표적으로 주기만 하는 것이 무엇일까요? 바로 모성애를 들 수 있습니다. 평생 주기만 하는 엄마의 마음 말입니다.

그중 대표적인 것이 벌입니다. 왕바다리라는 벌이 있는데 이 벌은 특이한 게 군집생활이 아니라 독립생활부터 시작합니다. 여왕벌은 평소 알만 낳는데 왕바다리 여왕벌은 집부터 짓습니다. 위 내용에 보면 평생 집을 짓고 알을 낳고 알을 돌보고 부화하면 먹이도 구해다 줍니다. 평생을 주기만 합니다. 그러다가 겨울이 되면 모두 출가를 시키고 홀로 남겨져 죽는 것입니다. 이것을 모성애라고 합니다. 엄마의 마음이 아니고서는 도저히 설명되지 않는 것입니다.

하지만 이를 다른 곤충이 볼 때는 어떻게 보일까요? 자기 자식밖에 모르는 이기적인 모습으로 보일 것입니다. 자식들이 보기에는 이보다 좋은 나눔이 없는데 말입니다.

무엇을 줄 것인가

주는 것도 엄마들이 생각을 잘해야 합니다. 그냥 주기만 한다고 좋은 것은 아닙니다. 왕바다리벌의 모습에서 볼 수 있듯이, 알 상태일 때 건조하면 물을 한 방울씩 넣어주는 가습기역할을 해줘야 하고, 더우면 날갯짓으로 선풍기 역할을 해줘야 하고, 비가 오면 일일이 물을 빨아내서 건조기 역할까지 해줘야 합니다. 만약 더워서 건조한데 물을 넣어주지 않거나 비가 오는데 물을 빨아주지 않는다면 알은 마르거나 썩어서 죽어버릴 것입니다. 그러니까 알이 필요로 하는 것을 주어야 하는 것이죠. 일방적으로 주는 것이긴 하지만 무엇이 필요한지를 정확히 파악해야 합니다.

그런데 우리나라 엄마들은 아이들이 필요한 것을 주기보다는 엄마 자신이 필요하다고 생각하는 것을 주는 경우가 많습니다. 이것이 주기만 하는 나눔의 문제점입니다. 자칫하면 상대가 원하지 않는 것을 줄 수가 있습니다.

< 주기만 하는 나눔의 문제점 >

상대가 원하지 않는 것을
줄 수 있습니다. 상대에게
원하는 것을 물어보고, 그가
받고 싶어하는 것을 주는 게
더 좋은 나눔이 됩니다.

받는 사람의 마음을 알아채기

흔히 자원봉사자는 대상자에게 봉사를 하려고만 하고, 사회복지사는 주민들에게 뭔가를 주려고만 하는 경우가 많습니다. 그러다 보니 정작 받는 사람들은 무엇을 받는지, 무엇을 받고 싶은지 알지 못합니다.

작년에 어느 복지관에서 사회복지사들을 대상으로 워크숍을 한 적이 있습니다. 마지막 활동으로 복지사로서 매년 욕구조사를 할 때 어떤 질문을 하는지 포스트잇에 하나씩 적을 수 있는 만큼 적어서 벽에 붙였습니다.

다 붙인 다음에, 복지사로서가 아니라 자신이 살고 있는 곳의 주민이라고 생각하고 답해보라고 하고, 포스트잇에 적힌 내용을 하나씩 질문해보았습니다. 그런데 누구도 질문에 대해서 주민으로서 대답을 하지 못했습니다. 다들 충격에 빠졌습니다. 해마다 주민들의 욕구조사를 하면서 주민들의 욕구를 충분히 들었다고 생각했는데 정작 자신은 주민으로서 그 질문에 답을 할 수 없었던 것입니다.

그것은 그동안 욕구조사를 하면서 주민으로서 무엇을 받을 것인가에 대한 질문이 아닌 복지사로서 무엇을 줄 것인가에 대한 질문을 해왔음을 보여주는 것이었습니다. 전체 주민의 욕구를 조사했다기보다 복지사의 관점에서 원하는 욕구만을 조사한 것입니다. 받는 주민들의 욕구는 넓은데 주는 직원으로서 좁힌 질문을 했던 것입니다. 복지사로서 뭔가를 주려는 의도가 담긴 질문만 했지 주민으로서 받아야 할 것을 염두에 둔 질문을 한 적은 없었던 것입니다. 그래서 주민 프로그램을 짜면서 뭔가를 주는 프로그램만 짰지 주민들의 이야기를 들어주는 프로그램은 짜지 못했다는 것입니다.

주기만 하는 것은 받으려고 하지 않는 것이기 때문에 자칫 받는 사람의 마음을 모를 수가 있습니다. 좀 더 생각을 넓혀주는 주고받는 연습이 필요합니다.

받기만
하는
나눔

"그런 묘한 감정을 여러분이 느끼길 바랐어요.
그리고 그런 느낌을 다른 사람에게
나눠줄 수 있는 사람이 되기를 바란 거예요."
– 영화 〈너는 착한 아이〉 중에서

호주에 사는 화식조라는 새가 있습니다. 타조만큼 큰 새인
데 먹는 열매도 매우 큽니다. 그런데 화식조는 그 열매를 먹기
만 하지 바로 뭔가를 해주는 것은 없습니다. 그러다가 멀리 가
서 똥을 싸면 거기서 열매가 씨앗이 되어 싹을 틔우고 자라게
됩니다. 이런 식으로 열매의 개체수도 늘어나게 되고 숲도 넓
어지는 효과가 있습니다. 화식조는 그것을 목적으로 한 것이

아닌데도 말입니다.

보통 나눔이라고 하면 누군가에게 내가 가진 것을 주어야만 된다고 생각합니다. 그래서 내가 가진 것이 없으면 나눔도 할 수 없다고 생각합니다. 그리고 가지고 있다고 해도 남이 볼 때 좋은 것이 아니면 줄 수 없다고 생각합니다. 그러니 나눔이 어려울 수밖에 없습니다.

과연 가진 것이 있어야만 나눔이 가능할까요? 전혀 그렇지 않습니다. 화식조처럼 받아먹기만 해도 나눔은 가능합니다. 그저 열매를 따먹기만 했을 뿐인데 결과적으로 나무의 씨앗을 퍼뜨리는 역할을 하게 된 것처럼 말입니다. 받기만 해도 나눔이 가능하다면 좀 더 쉽게 나눔을 할 수 있을 것입니다.

받기만 해도 나눔은 된다

나눔이 내가 가진 것을 누군가에게 주는 것이라는 생각에서 한발 더 나아가면 주고받는 것이 나눔이라는 생각을 하게 됩니다. 받는 사람이 있어야 줄 수 있다는 생각입니다. 하지만 이것도 주는 행동에 초점이 맞춰진 생각입니다. 주는 행위를 위해 받는 행위가 필요한 것입니다. 철저하게 나눔은 기부자 중심의 행동이라는 생각입니다.

받기만 하는 것은 수혜자 중심의 행동입니다. 과연 받기만 하는 것은 나눔인가요, 아닌가요? 이에 대한 판단에 따라 수혜자가 나눔의 대상인지 주체인지가 결정됩니다.

저는 받기만 하는 것도 나눔이라고 생각합니다. 길을 지나다가 누군가가 유인물을 나눠줄 때 그냥 받기만 해도 나눠주는 사람에게는 큰 나눔이 됩니다. 친구가 지나가다가 인사를 하면 받아주기만 해도 인사한 친구에게는 나눔이 됩니다. 초등학교 다니는 아이가 학교에 갔다 와서 학교에서 있었던 일을 이야기할 때 그저 들어주기만 해도 아이에게는 큰 나눔이 됩니다. 굳이 주려고 하지 않고 그저 듣기만 해도 얼마든지 나눔이 됩니다.

또 엄마가 음식을 해주실 경우 엄마의 요리솜씨가 좋으면 다행이지만 그렇지 않다면 그 음식을 먹는 것은 정말 힘든 일입니다. 하지만 맛이 없다거나 인상을 쓰며 먹으면 엄마는 더 이상 음식 만들기에 흥미를 잃고 대충대충 주시게 됩니다. 그래서 맛이 없더라도 맛난 표정을 지으며 밥을 먹어야 합니다.

그러면 엄마는 자신이 한 음식을 싫어하지 않는다고 생각하고 음식을 이것저것 해주시게 됩니다. 이때 엄마는 자식이 음식을 잘 받아먹는 것만으로도 기쁘기 때문에 엄마에게는 큰 나눔이 됩니다.

받는 것이 더 어렵다

그럼 주는 것이 더 어려울까요, 받는 것이 더 어려울까요? 잘 생각해보면 받는 것이 더 어렵다는 것을 알 것입니다. 왜냐하면 주는 것은 내가 주고 싶은 것을 주면 되지만 받는 것은 내가 받기 싫은 것을 받아야 할 때도 있기 때문입니다.

어릴 적 어머니가 해주시는 반찬 중에 먹기 싫은 것이 있어도 어머니께 혼날까 봐 억지로 먹었던 기억이 있습니까? 저도 어릴 때 콩밥을 잘 먹지 않았는데 어머니한테 혼나기 싫어서 억지로 먹었던 기억이 납니다. 그러면 어머니께서는 흐뭇하게 웃으시곤 했습니다.

받는 것도 필요하다

흔히 강사들이 가장 강의하기 싫어하는 곳이 오픈된 공간입니다. 뻥 뚫려 있어서 시선이 분산되기 때문입니다. 서울시청 지하에 있는 시민청도 그러한 곳 가운데 하나입니다.

몇 년 전 어린이날에 모 재단에서 강의 요청이 있어서 갔습니다. 그런데 시민청이란 곳은 전체적으로 뻥 뚫려 있는 데다 앞에 의자가 없고 계단으로만 되어 있었습니다. 중간에 기둥이 두 개 있어서 그 뒤로 아이들이 누워 있기도 했습니다. 강의 들으러 온 사람이 거의 중학생이었으니 분위기가 더 산만했습니다. 바로 앞 강의를 연예인이 하고 있었는데, 연예인이 강의를 하는데도 삼분의 일 정도만 듣고 있었습니다.

강단에 올라가면서 이 상황을 어떻게 정리할까 고민하다가 저는 딱 한 마디만 했습니다.

"나눔은 주는 것만이 아니라 받는 것도 있습니다. 여러분이 지금 여기서 받을 수 있는 게 뭐가 있을까요?"

한 아이가 손을 들더니, "선생님 말씀을 잘 들으면 될 것 같아요."라고 했습니다.

그러자 누워 있던 아이들이 일어나고 딴짓하던 아이들이 저를 보기 시작하면서 집중을 하는데, 40분 동안 숨도 안 쉬고 들었습니다. 제가 만약 그때 어떻게든 주려고만 했으면 아이들은 받으려고 하지 않았을 것입니다. 제가 아이들의 이야기를 들어주려고 하니 아이들도 들어주려고 한 것입니다.

학교에서도 마찬가지입니다. 선생님은 교실에 들어갈 때 학생들에게 주려고 들어갑니다. 뭔가를 주어야만 선생님으로서 역할을 제대로 한다고 생각합니다. 그래서 수업 전에 엄청나게 준비를 합니다. 그러니 막상 교실에 들어가서 주는데 학생들이 제대로 받으려고 하지 않거나 거부하면 화가 나는 것입니다.

그렇다면 교실에서 학생들에게서 받을 수 있는 것은 무엇이 있을까요? 학생들이 하는 말이 있겠지요. 그런데 그것도 수업과 관련된 답이 아니면 받으려고 하지 않다 보니 학생들은 정답이 아니면 아예 발표도 하지 않으려고 합니다.

선생님이 교실에 주려고 들어갈 때와 받으려고 들어갈 때는 수업에 대한 평가기준이 달라질 것입니다. 주려고 들어간다면 준 내용을 제대로 받았는지 확인하는 것이 기준이 될 것입니다. 반면에 받으려고 들어간다면 학생들이 이전과 비교해서 무엇을 주는지, 무엇이 성장했는지가 기준이 될 것입니다. 수업을 할 때 주려고만 하기보다 어느 정도는 받는 것도 필요하다고 생각합니다. 그래야 수업시간에 주고받는 것이 가능해져서 학생들도 학습하고자 하는 동기가 더 생길 것입니다.

초등학교 교사 시절, 교무부장을 한 적이 있는데 그때 저는 교무회의 시간에 선생님들께 쉬는 시간에 컴퓨터 작업만 하지 말고 아이들과 이야기도 나누고 함께 시간을 보낼 것을 자주 요구했습니다. 그러기 위해 선생님들의 업무를 대폭 줄여주려고 노력했습니다. 왜냐하면 아이들은 선생님을 만나러 오는데 수업시간에만 선생님을 볼 수 있으니 하고 싶은 이야기를 할 시간이 없기 때문입니다. 선생님이 아이들의 이야기를 받아만 주어도 아이들에게는 엄청난 나눔이 되는데 그것을 제대로 하지 못합니다. 아이들의 목적을 제대로 알고 받아준다면 그것만한 나눔이 없습니다.

받는다는 건 상대를 인정한다는 것

어렸을 때 말도 안 되는 이야기를 할 때 맞장구를 쳐주는 친구나 어른이 있었나요? 별 아이디어도 아닌데 좋은 생각이라고 말해주는 사람이 있었나요?

저는 별로 없었습니다. 생각이 워낙 별나서 남들이 잘 생각하지 않는 것을 이야기하곤 했는데, 그럴 때면 반응이 그리 좋지 않았습니다. 심지어는 내가 하는 말에 부정적이던 사람들이 몇 년 뒤에 내 이야기를 자신의 이야기인 것처럼 말하고 다니는 경우도 있었습니다.

초등학교 시절 담임선생님께서 학교를 그만두셔서 우리 반 아이들이 다른 반으로 뿔뿔이 흩어져서 공부하던 시기가 있었습니다. 그때 제가 간 교실에는 의자만 많이 남아 있었고 책상은 없었습니다. 원래는 책상을 창고에서 가져와야 하는데 저는 책상 대신 의자를 조립해서 책상으로 써보겠다고 선생님께 말씀드렸습니다. 어이없는 생각이라고 혼이 날 줄 알았는데 선생님께서는 흔쾌히 그러라고 하셨습니다. 그래서 일주일가량 저는 책상 대신 의자책상을 만들어 공부를 했습니다. 일주일 뒤 저는 너무 불편해서 책상을 가져와 수업을 했습니다.

그때의 경험이 매우 오랫동안 기억에 남습니다. 제가 선생님을 해보니 학생의 그런 제안을 선뜻 받아주기가 쉽지 않다는 것을 알게 되었습니다. 저는 그때 선생님의 받아주심으로 일주일 동안 남들은 해보지 못한 좋은 경험을 할 수 있었습니다.

나눔에 있어서 걸림돌 중 하나는 받지 못함입니다. 받는다는 행동에는 상대를 인정한다는 의미가 내포되어 있습니다. 그리고 받는 것에 대한 보답으로 받은 것에 상응하는 것을 주겠다는 것을 의미합니다. 내가 받을 수 있으려면 상대를 이해하고 인정해야 합니다. 상대에 대한 이해와 인정 없이는 상대의 행동을 이해하거나 인정할 수 없으며 상대가 주는 것을 받을 수 없습니다. 그러니 누군가에게 무언가를 나눠줄 때 그것을 받아주는 것은 매우 고마운 행동인 것입니다.

영화 〈나의 라임오렌지나무〉에서 제제는 자신만의 상상의 동물원을 가지고 있습니다. 상상의 동물원을 많은 이들에게 소개하고 알리지만 이 동물원을 유일하게 인정하는 것은 제제의 동생입니다. 물론 뽀르뚜가가 나타나기 전까지 말입니다.

제제의 아버지는 제제의 동물원을 쓸데없는 것으로 취급합니다. 왜냐하면 제제를 인정하지 않기 때문에 제제가 하는 행동은 무엇이든 맘에 들지 않은 것입니다. 하지만 뽀르뚜가는 제제의 동물원을 보고 매우 만족해하고 칭찬을 아끼지 않습니다. 동물원을 인정받은 제제는 뽀르뚜가를 더욱더 따르고 신뢰하게 됩니다. 제제가 동물원이라는 상상을 나눌 때 그 생각을 받을 수 있다는 것은 상대를 이해하고 인정한다는 것입니다.

여러분은 어려서 자신의 생각을 얼마나 이해받고 인정받았습니까? 지금 아이를 키운다면 아이의 생각을 얼마나 이해하고 인정하고 있습니까? 지금 학생들을 가르친다면 학생들의 생각을 얼마나 이해하고 인정하고 있습니까? 상대의 생각을 받아들인다는 것은 상대를 이해하고 인정하고 있다는 것을 표현하는 행동입니다.

받을 줄 알아야 줄 수도 있다

"이 숙제는 왜 낸 거예요?"

"들어봐. 지금 요시자와가 기뻐졌다고도 했고 귀여웠다고도 했고 기분 좋았다고도 했잖아. 마음이 편해졌다는 사람

도 있고 아기가 된 것 같았다는 사람도 있었고 추억이 떠
올랐다고도 했지. 이런 걸 보면 다들 뭐랄까, 그러니까…
다들 말로 표현해줬지만 분명히 그 이상의… 느낌이랄까,
묘한 기분? 그런 걸 느꼈을 거야. 이 숙제를 통해서."

"느꼈어요."

"느꼈어? 기분이 달라졌어?"

"자연스러운 기분."

"자연스러운 기분?"

"아무 생각 없었어요."

"생각 없었어? 그래도… 왜?"

"기분이 이상했어요."

"이상했어?"

"잘은 몰라도 여러 감정이 섞여 있었어요."

"아마 지금 사토가 말한 것처럼 여러분도 아마 같은 걸 느
꼈을 거예요. 선생님은 뭐랄까 그런 묘한 감정을 여러분
이 느끼길 바랐어요. 그리고 그런 느낌을 다른 사람에게
나눠줄 수 있는 사람이 되기를 바란 거예요."

– 영화 〈너는 착한 아이〉(2016) 중

영화 〈너는 착한 아이〉에서 주인공인 선생님은 반 아이들에게 집에 가서 가족들에게 안기는 숙제를 내줍니다. 이튿날 선생님은 숙제를 확인하면서 아이들에게 가족에게 안기면서 느낀 점을 이야기해보라고 합니다. 하지만 처음엔 서로 쑥스러워서 말을 하지 못합니다. 그러다 한두 명씩 이야기를 시작하는데 대부분 자신의 느낌을 제대로 말하지 못합니다. 대부분 가족에게 안겨본 경험이 별로 없기 때문입니다.

만약 이때 안기는 숙제가 아니라 안아주는 숙제를 내줬으면 반 아이들은 더 힘들었을 것입니다. 또는 간단히 안아주고 왔을 것입니다.

선생님이 이 숙제를 내준 이유는, 반 아이들이 자신을 잘 따라주지 않아서 힘들 때 조카가 아무 이유 없이 온전히 자신을 안아주었는데 그때 느꼈던 느낌이 좋았기 때문입니다. 자신이 안겨보니 안겼을 때의 느낌을 알게 되었고 반 아이들에게도 그 느낌을 알게 해주고 싶었기 때문입니다. 그 느낌을 통해 다른 이를 안아줘야 할 이유를 알았던 것입니다. 받아본 경험을 통해 줄 수 있게 된 것입니다.

나눔은 주는 사람의 관점도 중요하지만 받는 사람의 관점도 중요합니다. 받는 사람이 자신이 받는 것이 나눔이라는 생각이 들어야 자신도 나눌 수 있는 사람이라는 생각을 할 수 있습니다. 그렇지 않으면 자신은 평생 받기만 하는, 나눌 수 없는 사람이라는 생각을 합니다. 그러니 결코 나눔의 주체가 되지 못합니다.

장애인들의 경우에 장애인이든 장애인의 부모든 자신들은 받기만 하는 불쌍한 대상이라고 생각하는 경우가 많습니다. 그렇기 때문에 누군가에게 나누라는 말을 인정하지 못합니다. 자신들은 받기만 하는 사람이라고 생각하기 때문입니다. 언제 주는 나눔을 한다고 생각하느냐고 물어보면 누군가에게 돈을 주면 나눴다는 생각이 든다고 합니다. 그러니 돈이 없는 장애인들의 경우는 절대 나눔을 할 수 없다고 생각합니다.

나눔은 일방적이면 실패하기 쉽습니다. 쌍방향으로 이뤄져야 합니다. 그러려면 받는 사람도 나눈다는 생각을 할 수 있어야 합니다. 그래야 언제든 줄 수도 있습니다.

관점에 따라
다르게 보이는
나눔

"하지만 심지어 우리가 서로를
이해 못하더라도 말이야. 그건 우리가
서로를 사랑하지 않는다는 뜻은 아니란다."
– 영화 〈네이든〉 중

받는 것과 주고받는 것, 주는 것은 모두 자신의 관점에서
보면 나눔입니다. 그런데 누군가의 관점에서는 아닐 수도 있
습니다.

해마다 어린이날이 되면 동네 공원에 나갑니다. 작년에도
동네 공원에 갔는데, 공원 바로 옆에 있는 교회에서 공원에 천
막을 치고 떡볶이, 어묵, 슬러시 등 먹을 것을 무료로 나눠주

었습니다. 동네 아이들은 신이 나서 몇 그릇씩 받아서 먹었습니다. 그런데 원래 그곳에서 떡볶이 장사를 하던 할머니가 그 날은 보이지 않았습니다. 아마도 무료로 음식을 나눠주니 장사가 안 돼서 일찍 장사를 접고 들어가신 듯했습니다.

이런 경우 교회는 그 할머니가 잘못되라고 행사를 한 걸까요? 만약에 그 할머니가 행사를 하는 교회 사람들에게 화를 낸다면 그것은 잘못된 일일까요? 둘 다 아닙니다. 이런 경우 서로 이해를 하는 것이 필요합니다. 교회의 관점과 떡볶이 할머니의 관점이 다를 뿐입니다. 좋다 나쁘다의 문제를 떠나서 그럴 수도 있다는 점을 이해해야 합니다. 누군가에게는 좋지 않은 일이라 해도 마을 아이들 모두가 기뻐하는 일이므로 나눔이 아닌 것은 아닙니다. 다만 교회는 떡볶이 할머니처럼 피해를 입는 사람이 나오지 않도록 미리 충분히 고려를 해야 하겠지요.

나에겐 나눔이지만…

한번은 동대문 쪽방촌에서 봉사를 하는 분들에게 봉사교육을 하러 간 적이 있습니다. 대부분 연세가 많은 어르신들이었습니다. 강의 마지막에 쪽방촌에서 봉사하시면서 어려운 점이 뭐가 있냐고 여쭤봤습니다. 그러자 60대 여자 어르신 한 분이 이런 이야기를 하십니다.

"저희가 양주에 땅이 좀 있어서 배추, 무, 파 등을 심어서 가을 김장철에 쪽방촌 어르신들에게 가져다 드려요. 대부분은 너무나도 좋아하시는데 몇몇 어르신들이 화를 내면서 가져가라고 하시는 거예요. 저는 봉사를 시작한 지 얼마 안 됐는데 그때는 정말 너무 화가 나더라고요. 힘들게 농사 지어서 가져다 드렸는데 고맙다는 소리는 못 들을망정 욕을 먹으니까 봉사를 계속해야 하나 하는 생각이 들었어요.

그런데 얼마 뒤에 들으니 그 할아버지 집에는 칼도 없고 도마도 없고 양념도 없다는 거예요. 어찌나 얼굴이 화끈거리던지…. 그래서 지금은 더 열심히 봉사활동을 해요."

봉사하는 어르신이 자기 생각만 하다 보니 그 할아버지들의 마음을 몰랐던 것입니다. 주는 사람의 관점으로만 보다 보니 받는 사람의 관점을 알 수가 없었던 것입니다. 나는 나눔이었지만 상대는 나눔이라고 여기지 않을 수도 있습니다. 서로의 관점을 알려는 노력이 필요합니다.

관점 차이에 대한 배려가 필요

2002년 월드컵이 끝나고 난 뒤의 일입니다.

당시에 붉은색 티셔츠가 많이 남았는데 어느 기관에서 티셔츠를 모아서 동남아시아의 한 마을에 기부했다고 합니다. 그런데 나중에 그 마을 경제가 무너졌다는 소리가 들려왔답니다. 왜 그런가 했더니, 그 동네 유지가 대부분 옷 장사를 하는데 사람들이 옷을 사지 않으니 장사가 안 되어 마을 경제가 무너졌다는 것입니다.

이런 경우 옷을 보내준 것이 문제는 아닙니다. 그렇다고 옷을 받은 사람들이 옷을 사지 않은 것이 문제인 것도 아닙니다. 문제는 그런 일이 생길 수도 있으니 보내기 전에 조심을 했어야 한다는 점입니다.

나눔을 하다 보면 우리의 의도와는 상관없이 이러한 일들이 일어나기 쉽습니다. 하지만 전체적으로 보면 어떻습니까? 동네 아이들은 교회 때문에 하루가 즐거울 수 있었고, 옷을 받은 동남아 주민들은 옷 걱정 없이 지낼 수가 있었습니다. 이처럼 관점의 차이가 있다는 것을 알아야 합니다. 특히 관공서에서 일하는 사람들은 이런 점에 더 주의를 기울여야 합니다. 자칫 일을 잘못하면 많은 사람들이 피해를 볼 수도 있기 때문입니다.

혼자 또는 여럿이,
삶 속에서의
나눔

"아무도 도움 없이 혼자 살 수는 없어요."
— 영화 〈오베라는 남자〉 중에서

삶 속에서는 나눔에 대해 어떻게 접근해야 할까요? 나눔의 주체에 따라 다르게 접근할 수 있습니다. 나눔은 누가 나누는 것이냐에 따라서 자조(自助), 근조(近助), 공조(共助), 공조(公助), 이렇게 네 가지로 생각해볼 수 있습니다.

먼저 '자조(自助)'란, 나에게 스스로 나눈다는 뜻도 있지만 나 혼자 누군가에게 나눈다는 뜻도 있습니다. 나 혼자 나눌 때 좋은 점은 무엇일까요? 내 마음대로 할 수 있다는 점입니다. 단점은 내가 아프거나 힘들면 나눔을 하지 못하고 능률도 떨어진다는 점입니다. 이는 아주 초기 단계의 나눔이라고 할 수 있습니다.

나 혼자 나누기에서 여럿이 나누기로

그러다 도움이 필요한 사람 근처에 있는 사람들이 모여서 나누게 됩니다. 이것을 '근조(近助)'라고 합니다. 여럿이 모여서 나눌 때 좋은 점은 혼자 나눌 때보다는 지속성이 생긴다는 점입니다. 좋지 않은 점은 혼자 나눌 때보다 받는 이가 부담을 더 크게 느낀다는 것입니다. 부담감이 커지다 보니 받는 사람은 오히려 받은 뒤에 주지 못하고 받으려고만 하게 됩니다.

또한 혼자서 나눌 때에는 주는 사람이 자신이 많이 가져서 나눈다기보다는 도움이 필요한 사람에게 조금씩 나눈다는 생각이 큽니다.

하지만 여럿이 모여서 나눌 때에는 가진 것이 있거나 재능이나 시간이 있는 사람이 한데 모이게 됩니다. 그러면 그런 것이 없는 사람은 모이는 데 끼기가 어렵게 되어 뭔가 특별한 것이 있는 사람만이 나누는 것처럼 됩니다. 당연히 받는 사람은 그것이 없어서 불쌍하기 때문에 받는 것이라고 생각하기 쉽습니다. 이것이 당장은 큰 문제가 아닐 수 있지만 불과 몇 년 뒤에는 큰 사회문제가 될 수 있습니다.

마을 사람 모두가 나누기

그럼 이번엔 마을 사람들이 전부 나누는 것을 한번 생각해 볼까요? 마을 사람들 모두가 서로 나누면 어떻게 될까요? 모두 나누니까 내가 뭔가 가지고 있거나 시간이 나서가 아니라, 지나가다가 잠깐이라도 쉽게 나눌 수 있게 됩니다. 다시 말해 접근성이 쉬워진다는 것입니다.

그러다 보면 나눔을 받는 입장에서는, 자신이 불쌍해서가 아니라 마을의 주민이기 때문에 나눔을 받는 것이 됩니다. 그럼 또 다른 주민이 어려울 때 그 사람도 다른 주민에게 나눔을 할 수 있게 됩니다. 누구나 주고받을 수 있는 관계가 되고 누구나 나눔을 할 수 있는 환경이 됩니다. 이러한 것을 '공조(共

助)'라고 합니다.

이 점은 앞으로 굉장히 중요해질 것이라고 봅니다. 2030년이 되면 60세 이상이 전체 인구의 40퍼센트가 된다고 합니다. 여기에 어린아이와 청소년, 취업 못 한 사람들을 다 합치면 최소한 60퍼센트는 될 것입니다. 말하자면, 40퍼센트가 일해서 60퍼센트를 먹여 살려야 하는 시대가 오는 겁니다.

그런데 받는 사람은 계속 받으려고만 하면 어떻게 되겠습니까? 주는 사람이 너무 힘들어지게 되겠지요. 그래서 지금이라도 받는 사람도 줄 수 있다는 가치관을 지니도록 해야 합니다. 그러려면 나눔은 시간이나 돈이나 능력이 있는 사람이 하는 게 아니라 누구나 할 수 있다는 점을 알려줘야 합니다.

공공자원으로 나누기

마지막으로 앞에서 이야기한 '공조(共助)'에 관공서가 더해지면 '공조(公助)'가 됩니다. 관공서가 더해진다는 의미는 세금이 더해진다는 의미입니다. 세금이 더해지면 할 수 있는 일이 더 많아집니다.

그림1 행동 주체에 따른 나눔의 변화

자조(自助) → 근조(近助) → 공조(共助) → 공조(公助), 이렇게 단계를 밟으면 참 좋은데, 요즘에 보면 공조(共助) 다음에 공조(公助)가 오는 게 아니라 공조(共助) 앞에 공조(公助)가 오는 경우가 많습니다. 열심히 나누다 보니 돈이 들어오는 게 아니라 돈이 들어왔으니 나눠보자는 경우가 생깁니다.

예를 들면 지자체에서 주민 동아리 사업에 많은 돈을 쓰는데, 기존에 열심히 하던 동아리가 예산을 받아서 쓰는 게 아니라 돈을 준다고 하니까 동아리를 만드는 상황이 벌어집니다. 물론 초창기니까 그럴 수밖에 없기는 합니다. 하지만 대부분은 아는 사람들끼리 예산을 주고받는 경우가 많습니다. 그럼 거꾸로 얘기하면 돈이 사라지면 모임도 사라지는 셈이 되는 것입니다. 우리나라는 현재 관공서 중심으로 마을 일들이 진행되는 경우가 많기에 이런 상황이 벌어지는 것 같습니다.

나눔이란 내가 나 자신과 다른
존재를 이해하고 인정하면서 서로
관계맺고 서로가 느끼고 생각한 것을
함께 주고받는 것입니다.

마을 사람 모두가 연결되는 나눔의 장

공조(共助)에서도 이야기했듯이 나눔은 마을 안에서의 관계와 밀접한 관련이 있습니다. 관계는 점-선-면-장으로 확장됩니다. 쉽게 설명하자면, 개인 간의 나눔만 있다가 개인과 모임 간의 나눔으로 확장되고, 모임과 모임 간의 나눔으로 확장되면 더 나아가서는 마을 사람 모두가 나눔의 장에 속하게 됩니다.

예를 한번 들어볼까요? 어머니가 돌아가시고 나서 가장 뒤늦게 어머니의 부재를 느낄 때가 김장김치가 떨어졌을 때일 것입니다. 더 이상 어머니의 김치를 못 먹는다 생각하니 어머니의 부재가 더 깊이 느껴지는 것이지요. 그때 기관이나 단체에서 김치 만드는 강좌가 열린다면 달려가서 배울 것입니다. 그게 점(點)의 관계입니다. 김치 만드는 강좌를 들으러 모인 사람들은 저마다 이유가 다를 것입니다. 그런 경우 김치 만드는 법을 다 배우고 나면 특별한 경우를 제외하고 그 관계는 끊어지게 됩니다.

하지만 김치를 만드는 강좌를 열 때, 수강생으로 어머니를 잃은 사람들만 모으면 어떻게 되겠습니까? 그러면 모이는 목적이 김치 만드는 법을 배우는 것만이 아니라 어머니를 잃은 슬픔을 함께 나누는 것도 있을 것입니다. 자연스럽게 강좌가 끝나도 모임은 지속될 것입니다. 하지만 여전히 강사는 김치를 잘 담그는 사람입니다. 이를 '선(線)'이라고 볼 수 있습니다.

'면(面)'은 여기에 김치 강좌 강사를 자식을 잃은 마을 사람 중에서 뽑는 것입니다. 그러면 모여서 서로의 아픔을 달래면서 같이 배우며 지내게 될 것입니다. 그렇지만 여전히 이 또한 자신들의 이익만을 위한 집단에 지나지 않습니다.

여기에 마을의 개념을 더하면 마을에서 마을축제와 같은 방식으로 모두가 함께 나눌 수 있게 됩니다. 이런 식으로 집단들이 서로 연대하고 모이면 하나의 생태계가 만들어지는 것입니다. 그것이 '장(場)'입니다. 나눔의 장이 형성되는 것입니다.

그림 2 관계 범위에 따른 나눔의 변화

누구나 장의 영역에 들어가 있으면 쉽게 삶을 나눌 수 있습니다. 그 안에는 기생도 공생도 구별이 없으며 누구나 주고받는 관계가 형성됩니다. 이렇게 될 때 비로소 일방적으로 나누는 관계가 아니라 서로 주고받는 나눔이 가능해집니다.

나눔을 정의하는 것은 어렵습니다. 그렇지만 앞에서 한 이야기를 종합해서 정의를 내려보면 이렇습니다.

"나눔이란 내가 나 자신과 다른 존재를 이해하고 인정하면서 서로 관계 맺고 서로가 느끼고 생각한 것을 함께 주고받는 것이다."

2장

누구나 나누며
산다, 왜?

나눠야
먹고살 수
있다

"저기 좀 봐.
저들 손에 죽고 살다니 참 우습지."
- 영화 〈나, 다니엘 블레이크〉 중에서

아로파는 원래 3,000년 전부터 태평양 일대에서 사용돼
온 개념으로 '실천하는 사랑'이라는 뜻입니다. 하와이에선
인사말인 알로하(ALOHA)로, 뉴질랜드와 통가에서는 아
로하(AROHA), 오파(OFA)라는 말로 남아 있죠. 하지만 왜
유독 아누타 섬에서만 아로파가 삶의 철학으로까지 자리
잡은 걸까요?

사실 아누타 섬은 피로 얼룩진 땅이었습니다. 300년 전 이곳에선 피비린내 나는 권력투쟁이 일어났습니다. 많은 남자들이 죽어갔고, 결국 섬에는 단 네 명의 남자들만 남았습니다. 섬은 공멸의 위기에 놓였습니다. 고립된 섬에서 한정된 자원을 서로 차지하려다 모두 위기에 처해버린 겁니다. 그 후 아누타 사람들은 협력하지 않으면 공멸한다는 것을 알았습니다. 그것이 아로파를 삶의 철학으로 받아들인 이유였습니다.

아누타와는 다른 길을 걸었던 섬이 있습니다. 한때 태평양에서 가장 살기 좋은 섬이었던 이스타 섬. 그러나 더 큰 석상을 만들기 위한 부족 간의 경쟁은 섬을 멸망으로 이끌었습니다. 석상을 옮기기 위해 엄청난 양의 나무가 베어졌고 자원이 사라지자 모든 것이 끝나버렸습니다. 무한경쟁은 결국 이스타 섬을 사람이 살 수 없는 땅으로 만들었습니다.

공존이냐 공멸이냐. 아로파, 그것은 생존을 위한 아누타 사람들의 선택이었습니다.

- SBS 〈최후의 제국 4편 : 공존, 생존을 위한 선택〉(2012년 12월 9일) 중

아누타 섬과 이스타 섬의 이야기는 우리가 왜 나누어야 하는지를 깨닫게 해줍니다. 한정된 자원을 가지고 자신의 부족만이 잘살기 위해 경쟁을 했던 이스타 섬은 결국 공멸했고, 자신의 부족뿐 아니라 다른 부족까지도 잘살기 위해 나누며 살았던 아누타 섬은 지금까지도 잘살고 있습니다. 만약 아누타 섬도 이스타 섬처럼 계속 경쟁을 했다면 아마 지금까지 부족이 유지되지 못했을 것입니다.

살아가기 위해 나눈다

예전에 마을 단위로 살며 농사를 짓거나 사냥을 하며 지내던 때에는 혼자 살기가 어려웠습니다. 혼자 농사를 짓거나 사냥을 하는 것에는 한계가 많았습니다. 그래서 자연스럽게 혼자 살기보다는 모여 살게 되었지요. 서로 의존하며 살아갈 뿐 아니라 생활에 필요한 것들을 자신의 소유가 아닌 공동의 소유로 생각했기 때문에 다른 사람과 나누는 것이 자연스러웠습니다.

또한 모여서 농사를 짓는다고 항상 농작물을 풍족하게 수

확할 수 있는 것이 아니었고 사냥을 한다고 매일 동물을 잡아오는 게 아니었기 때문에 먹을 것이 생기면 누구의 것이든 서로 공평하게 나누며 살았습니다. 그래야 죽지 않고 먹고살 수 있었기 때문입니다.

아마도 그때는 나눔이란 말이 없었을 수도 있습니다. 단지 살기 위한 자연스러운 본능이었지 그것을 나눔이라고 굳이 지칭하지는 않았을 것입니다.

앞 장에서 살펴봤듯이 동물들이 기생하고 공생하는 이유도 결국은 살아남기 위한 것입니다. 자연 속에서 힘이 약한 편이었던 인간은 자연스럽게 기생과 공생을 적절히 선택해서 살아남았습니다. 인간들끼리는 공생을 하지만 다른 동물들에 대해서는 기생하듯이 이용했다고 볼 수 있습니다. 하지만 기술이 발달하고 잉여물이 많아지면서 인간들 사이에서도 기생하는 사람들이 나오기 시작했습니다. 이제는 나눔을 정의내리고 의식적으로 나눠야 살 수 있는 시대가 되었습니다.

이렇게 인류가 걸어온 길을 살펴볼 때, 우리가 나누는 첫째 이유는 먹고살기 위해서입니다. 지금도 나눔 하면 의식주가 가장 먼저 떠오르는 이유가 바로 여기에 있습니다. 그래서 나눔단체나 자원봉사단체 중에 가장 많은 단체가 먹고사는 것과 관련된 단체입니다. 주로 먹을 것과 집과 관련된 단체가 많습니다.

그런데 먹고사는 게 해결됐다고 해서 다 된 걸까요? 최근에 아이들에게 조사를 해보면 먹을 걸 준다고 해서 고마워하지 않습니다. 핸드폰만 해도 최신형을 줘야 좋아합니다. 뒤떨어진 핸드폰을 들고 다니면 다른 애들이 '없으니까 저러지.' 하며 놀립니다. 우리 아이들은 먹고사는 게 문제가 아닐 수도 있습니다.

살아있는
것도
나눔이다

"세상에서 당신이 될 수 있는 사람은
당신 한 사람뿐이에요.
그것만이 우리가 의지할 수 있는 거예요."
– 영화 〈도쿄 소나타〉 중에서

얼굴 모르고 이름 모르지만 후원자 아저씨. 아저씨가 보
내주신 돈으로 내 동생 지인이가 가지고 싶어 하던 어깨
에 메는 뽀로로 가방 사줬습니다. 가방 메고 갈 때는 아픈
동생 등이 안 보여서 더 기분 좋습니다. 정말 감사합니다.

– 영화 〈철가방 우수씨〉(2012) 중

김우수 씨는 고아로 자라다가 좋지 않은 일에 관련되어 감옥에 갑니다. 감옥에서 수감생활을 하다가 우연히 어떤 아이의 사연을 읽고 그 아이에게 기부금을 조금 보냈습니다. 기부금을 받은 아이는 동생에게 척추 장애로 굽어진 등을 가려주는 어깨에 메는 뽀로로 가방을 사줬다며 김우수 씨에게 감사 편지를 보냅니다. 김우수 씨는 편지를 읽다가 눈물을 펑펑 흘리며 감동을 합니다.

우수 씨는 무엇에 감동을 한 것입니까? 아마도 감사하다는 말에 감동을 했을 것입니다. 왜냐하면 고아 출신인 우수 씨는 태어나서 그 말을 한 번도 들어본 적이 없기 때문입니다.

누군가가 나에게 감사하다고 하는 것은 무엇을 의미할까요? 아마도 누군가가 나를 인정해주고 필요로 한다는 의미가 담겨 있을 것입니다. 일단 먹고사는 것이 해결되고 나면 누군가에게 나를 인정받고 싶고 내 존재를 알리고 싶게 마련입니다. 이것이 바로 나누는 둘째 이유입니다.

세상에서 가장 쉬우면서도 어려운 나눔은?

세상에서 가장 쉬운 나눔이면서 가장 어려운 나눔이 무엇일까요? 관심 갖는 것? 인사하는 것? 이야기 들어주는 것? 이런 것들보다 더 쉬운 것이 있습니다. 아무것도 안 해도 되는 것입니다. 바로 내가 존재하는 것입니다. 내가 살아있는 것입니다. 아무것도 하지 않고 그저 살아있기만 해도 나눔은 됩니다.

집에서는 부모로서, 자식으로서, 형제로서 존재 의미가 있습니다. 집 밖에서는 친구로서, 일하는 사람으로서, 우리 사회의 구성원으로서 존재 의미가 있습니다. 하지만 내가 살아있을 수 있는 것만큼 어려운 것도 없습니다. 그건 자기 뜻대로 되는 일이 아니어서 언제 죽을지 모르기 때문입니다.

부모님이 돌아가시면 이 점이 더 많이 느껴집니다. 부모님이 살아계셔야 자식들이 부모님께 나눌 수 있습니다. 그리고 부모가 살아있어야 자식들에게 나눌 수도 있습니다.

장애인 기관에 가면 특히 이런 이야기를 많이 합니다. 그 중에서도 장애아를 둔 어머니들에게 이야기를 많이 합니다. 그 어머니들의 소원은 자기 아이보다 하루 늦게 죽는 겁니다.

그러면서 하는 말이 이렇습니다.

"선생님, 나눔이란 거 참 좋습니다. 그런데 우리 애한테는 나누라는 말 하지 마세요. 우리 애한테는 너무 힘드니까요. 우리 애는 할 줄 아는 게 없어요."

그러면 저는 버럭 화를 내면서 제발 그러지 마시라고 합니다.

"당신께서 당신 아이에게 뭔가를 나눌 수 있는 이유가 뭡니까? 당신 아이가 살아있기 때문입니다. 아이가 살아서 받아주기 때문에 당신이 나눌 수 있는 것입니다. 아이가 어머니에게 받는 게 정말 아이가 원하는 건 줄 아십니까? 아닙니다. 자기 어머니가 힘들게 주는 것을 아니까 받는 척이라도 하는 것입니다. 받기 싫어하는 것도 있는데 받아주고 있다는 것입니다. 이미 아이들은 받는 나눔을 하고 있는 것입니다. 그런데 아이는 할 줄 아는 게 없다고 여기고 아무것도 하지 못하는 존재라고 이야기하는 것은, 정말 아이들을 나눌 줄 모르고 받기만 하는 불쌍한 존재로 만들어버리는 것입니다."

엄마들은 자기 아이가 평생 받기만 하는 줄 압니다. 하지만 간간이 엄마에게 사랑한다는 말도 나눌 수 있고, 미소도 나눌 수 있고, 인사도 나눌 수 있습니다. 얼마든지 나눔이 가능한데 엄마들은 그걸 모릅니다. 왜냐하면 키우는 동안 너무 힘들어서 그렇습니다. 아이에게 매일 정해진 것을 주기도 힘든데 아이가 주는 것을 받아주는 것은 더 힘들기 때문입니다.

하지만 아이가 나눌 수 있는 존재라는 것은 변하지 않는 사실입니다. 조금만 생각을 달리 해보면 아이들도 얼마든지 나눌 수 있는 존재임을 알 수 있습니다.

세상에 의미 없는 존재는 없다

언젠가 강원도에서 초등학교 선생님들께 이 이야기를 했더니 얼마 뒤에 한 초등학교 선생님이 제게 이런 이메일을 보내왔습니다.

"안녕하세요, 선생님!
저는 강원도 ○○초등학교에서 근무하고 있는 교사 ○○○라고 합니다. 이번에 1급 정교사 연수에서 선생님 연수를 듣고 정말 많은 감동을 받고 위안을 얻어 이렇게 메일을 보냅니다.

지난 2014년 4월, 세월호 참사와 학부모의 폭언, 폭력을 동시에 경험하며 심각한 우울감에 빠져 있었고 그 후 상담치료와 약물치료를 받으며 많이 회복되었으나 이따금씩 감기처럼 도지는 절망감과 자살충동을 겪고 있습니다. 학교에서는 한없이 다정한 선생님이면서 퇴근 후 집에서는 끝없이 우울한 스스로의 갭에 절망하던 중, 연수 초반 선생님의 "살아있는 것만으로도 큰 나눔을 하고 있는 것이다."라는 말을 들었습니다.

누구도 해주지 않았던, 가장 큰 위안이고 충격이었습니다. 눈물을 참느라 혼났네요.

진심으로 감사드립니다.

다시 절망감이 찾아오더라도 선생님의 말을 떠올리면서 씩씩하게 살아나가겠습니다. 버텨나가겠습니다."

사람들은 자신이 뭔가를 잘하지 못하면 다른 사람들에게 의미 있는 존재가 아니라고 생각합니다. 그래서 끊임없이 뭔가를 하려고 노력합니다. 하지만 사회가 발전하고 전문화되면서 그 기준이 높아지다 보니 뭔가를 잘한다는 것이 쉽지 않게 되었습니다. 사회에서 누군가에게 인정받고 필요한 존재라는 생각을 하기도 힘들어졌습니다. 하지만 잘하지 못한다고 살아갈 이유가 사라지는 것은 아닙니다. 나름대로의 살아갈 이유가 분명히 있습니다.

"여기서 계속 살았으면 좋겠어요."

"겨울이 맘에 들 거야, 끝내주거든. 추워지기 전에 페인트칠 아르바이트하고 술집에서 바텐더 보조로 일하고 무생물한테 말 걸고."

"진심이에요."

"나도 그래. 앞이 구만리잖아. 안주하지 마. 아직은."

"달리 갈 곳이 없어요."

"그래? 사실이 아니잖아."

"난 여기서만 행복해요."

"무슨 일이야?"

"그 사람이 싫어요."

"누구?"

"트렌트요. 우리 엄마 애인. 나더러 3점이래요. 10점 만점에

난 몇 점쯤 될 것 같으냐고 묻더라고요. 자기 생각엔 3점

이래요. 자기가 뭔데 그런 식으로 말하는 거죠?"

"널 잘 모르니까."

"난 대답하기 싫었어요! 대답하지 말았어야 했어요!"

"내 말 들어봐. 문제는 그 사람이지, 네가 아니야."

"어떻게 알아요?"

"난 아니까. 그러니 따지지 마. 우리 아버지도 그랬어. 그

래서 난 패턴이나 규칙이 싫어. 그러니 놈이 얕봐도 귀 기

울이지 마. 네 길을 가라고. 어이, 내 친구. 네 갈 길을 가."

– 영화 〈더 웨이, 웨이 백〉(2013) 중

영화 〈더 웨이, 웨이 백 The way, way back〉에서 주인공 던
칸은 아버지 없이 엄마와 사는데 엄마가 사귀는 남자친구와
남자친구의 딸과 넷이 휴가를 갑니다. 휴가를 가는 차 안에서
엄마의 남자친구는 던칸에게 너는 스스로가 몇 점인 것 같냐
고 묻고 자기 생각에는 3점이라고 얘기합니다. 던칸은 그렇지
않아도 자신은 아무것도 할 줄 모르는 존재감 없는 중학생이
라고 생각했는데 그 말 때문에 더 존재감이 없어집니다.

그런데 우연히 휴가지의 수영장 직원과 알게 되고 그 수영장에서 아르바이트를 하면서 던칸은 완전히 변합니다. 수영장 직원은 던칸을 완전히 신뢰하고 너의 길을 가라고 합니다. 그 신뢰 속에서 던칸은 수영장 최고의 직원이 됩니다.

엄마조차도 자신의 존재를 인정해주지 않았는데 낯선 곳에서 전혀 모르는 사람이 자신을 믿어준 덕분에 삶에 자신감이 생긴 것입니다. 그 자신감으로 뭐든 열심히 하게 되고 노력하게 됩니다. 이처럼 누군가가 보기에는 하찮은 존재지만 어디서 뭘 하느냐에 따라 전혀 다른 존재가 되기도 합니다.

《나의 라임오렌지나무》의 주인공 제제도 비슷한 경우입니다. 제제는 온갖 상상력을 동원해 놀잇감을 만들고 동물원을 만듭니다. 그런데 제제의 아버지는 쓸데없는 짓을 한다며 혼을 냅니다. 하지만 뽀르뚜가 할아버지는 제제의 상상력이 제제이기 때문에 나오는 것이라며 제제의 존재를 인정해줍니다. 그 신뢰가 바탕이 되어 훗날 제제는 작가가 될 수 있었습니다.

자신이 아무것도 할 줄 모르고 받기만 하면서 기생하는 사람이라고 생각하는 경우에는 대부분 자신은 아무것도 나눌 수 없다고 생각합니다. 존재하는 것만으로도 나눌 수 있다는 생각을 하지 못합니다. 잘하는 게 있고 잘 나누기 때문에 존재감이 있는 것이 아니라 존재감이 있기 때문에 나눌 수 있는 것입니다.

한 생명을 지킨 1천500명의 릴레이 손길

혼자서는 숨조차 쉴 수 없는 한 생명을 살리고자 24시간 곁을 지키는 자원봉사자 1천500여 명의 손길이 2년 넘게 이어지고 있다.

2008년 2월 '갈비뼈가 사라진 소녀'로 알려지며 인터넷을 달궜던 김온유(23) 씨는 그해 9월부터 더는 기계 호흡을 할 수 없을 만큼 상태가 나빠졌다. 폐가 너무 작게 쪼그라들어 기계가 한꺼번에 넣어주는 산소를 감당할 수 없었다.

온유 씨의 부모님은 주머니 형태의 호흡보조 기구인 '앰브'로 딸의 상태나 움직임에 따라 적절히 숨을 불어넣어 줘야 했다. 어머니는 혼자서 36시간 동안 앰브를 작동하기도 했고, 아버지는 밤새 앰브를 만지고 출근하다 교통사고가 나기도 했다.

이런 소식이 알려지자 온유 씨의 교회 친구들이 나서기 시작했다. 부모님 대신 온유 씨 곁을 지키며 앰브를 눌러주고, 10년 가까이 투병생활을 하는 그의 말벗이 돼줬다. 이야기는 친구의 친구, 그 친구의 또 다른 친구에게 전해졌고, 온유 씨의 인터넷 카페를 보고 찾아온 이들까지 더해 지난 2년간 한 번이라도 병실을 찾은 사람은 무려 1천 500여 명. 온유 씨가 연락처를 가진 사람만 700명이다.

이들의 '앰브 봉사'는 2~4명씩 한 조를 이뤄 4교대로 24시간 이뤄진다. 한 사람이 30분~1시간 앰브를 누르고, 다른 친구들은 한쪽에 마련된 침대에서 편안히 잠을 자기도 한다.

바이올린을 전공하는 친구나 노래를 잘 부르는 친구가 있는 날은 병실이 공연장이 되기도 한다. 수능 시험을 치르는 수험생이 시험 전날에도 병실을 찾아왔고, 30일짜리 장기 휴가를 받은 군인은 휴가 기간 하루도 빼놓지 않고 온유 씨를 만났다.

네 권이나 쌓인 방명록에는 온유 씨가 좋아하는 코끼리를 그려놓은 사람, 약속을 지키지 못했다며 사죄서를 쓴 사람 등 병실을 찾은 이들이 온유 씨에게 하고픈 말을 가득 남겼다.

그러나 "온유에게 용기와 힘을 주러 왔는데 그것은 교만한 마음이었다."며 "내가 더 많이 배우고 깨닫고, 행복을 느끼며 돌아간다."는 것이 봉사자들의 한결같은 이야기다.

중학교 2학년 때 처음 수술을 한 이후 목숨이 위험한 수술과 곧 죽을 거라는 사망 선고를 수차례 받고 2년 넘게 중환자실 생활을 했지만, 온유 씨는 처음 와서 앰브를 어떻게 누를지 몰라 당황하는 후배에게 장난까지 치며 깔깔대는 아가씨다.

봉사자들은 인터넷 카페에 마련된 봉사 시간표에 신청하고 정해진 시간에 병실에 오는데, 대부분 또래인 대학생 친구들이라 시험기간이 되면 신청표에 봉사자가 한 명도 없을 때가 있다.

섭섭할 만도 한데 온유 씨는 "누군가는 오겠지. 잘 구해지니까 괜찮다."며 직접 휴대전화 문자 메시지로 'SOS'를 친다. 아니나 다를까 금방 오겠다는 답장이 도착한다.

어느 날 온유 씨는 잠자는 자신의 모습을 사진으로 찍다

들킨 김한나(24) 씨에게 "동영상을 만들어 달라"고 부탁했다. 온유 씨는 "2년 넘게 사람들이 끊이지 않고 나를 찾아오는 것이 신기하다"며 "그들을 기억하고 싶다"고 했다.

한나 씨가 만든 13분짜리 동영상 '릴레이 온유'는 지난달 말 한 기독교 단체에서 주최하는 영상전에서 대상을 받았다.

한나 씨는 "2년 넘는 시간 동안 수많은 사람이 돌아가며 온유의 생명을 지키고 있는 것이 나도 신기하다"며 "지금은 교회 친구들이 대부분이라 좀 더 많은 사람들에게 이 따뜻한 소식이 알려졌으면 좋겠다"고 말했다.

– 출처 : 연합뉴스(2011년 1월 2일)

온유 씨에게 필요한 것은 특별한 나눔이 아니었습니다. 한 사람 한 사람의 존재가 필요했습니다. 그저 옆에 있어주고 말벗이 되어주면 그것으로 만족했습니다. 물론 그것처럼 어려운 것도 없습니다. 자기 시간을 내어 옆에 있어준다는 것이 시간을 돈으로 여기는 현대사회에서 쉬운 일은 아닙니다. 하지만 온유 씨 곁을 사람들은 2년이나 지켜주고 있습니다. 그냥 앉아만 있어도 나눔이 됩니다.

그저 가만히 있었을 뿐인데…

하나 더 이야기해볼까요? 제가 하는 활동 중에 '재능나눔 장터'라는 것이 있습니다. 내가 나눌 수 있는 것과 받고 싶은 것을 정해서 서로 주고받는 과정에서 서로의 존재 의미를 찾아보는 활동입니다.

몇 년 전에 선생님들 30명 정도를 대상으로 5일 동안 나눔 교육 교사연수를 진행한 적이 있습니다. 그중 한 활동으로 '재능나눔장터'를 했습니다. 5일 동안 점심시간과 쉬는 시간에 진행했습니다.

먼저 강의장 왼쪽 벽에 '내가 줄 수 있는 나눔'이라는 제목의 전지를 붙이고 포스트잇에 자신의 이름과 자신이 나눌 수 있는 나눔을 적고 금액을 써서 붙이게 했습니다. 오른쪽 벽에는 '내가 받고 싶은 나눔'이라는 제목의 전지를 붙이고 포스트잇에 자신의 이름과 자신이 받고 싶은 나눔을 적고 금액을 적어서 붙이게 했습니다.

그리고 통장 모양의 표를 A4 용지에 인쇄해서 나눠주었습니다. 실제 돈이 오가지는 않지만 서로 주고받으면서 포스트잇에 적힌 만큼의 금액이 통장에서 늘거나 줄게 하는 것입니다.

그렇게 5일간 진행을 하고 마지막 날에 모두 모여서 활동한 결과와 느낌을 나누었습니다. 그중 한 50대 여선생님의 이야기가 기억납니다.

"선생님, 저는 줄 수 있는 나눔이 생각이 안 나서 못 붙였습니다. 또한 받고 싶은 나눔도 생각이 안 나서 못 붙였습니다. 그렇게 쉬는 시간, 점심시간에 제 자리에 앉아만 있었습니다.

그런데 하루는 한 선생님이 오셔서 안마를 해주시더니 제 통장에서 돈을 줄이고 자기 통장의 돈을 늘리더라고요. 또 조금 있다가는 어떤 선생님이 오셔서 자기 고민을 이야기하시더니 제 통장의 돈을 늘려주시더라고요.

저는 5일 동안 그냥 자리에 앉아만 있었는데 통장에 있는 돈이 늘었다 줄었다 하더라고요. 그래서 제가 내린 결론은 나눔은 제가 존재하기만 해도 된다는 것이었습니다."

특별히 뭔가를 하지 않아도 나눔은 가능합니다. 내가 살아 있어야 하는 이유가 충분합니다. 내가 뭔가를 잘하기 때문에 나누는 것이 아닙니다. 내가 나누고자 하는 마음이 있으면 나눌 수 있습니다. 그저 옆에만 있어도 가능한 것이 나눔이고 받아주기만 해도 가능한 것이 나눔입니다. 잘나지 않아도 나눔은 얼마든지 가능합니다.

나누면
친해진다

김우수 씨는 출소를 했는데, 가진 기술도 없고 할 줄 아는
것이 아무것도 없었습니다. 거기다 전과자다 보니 직업을 구하
기가 쉽지 않았습니다. 결국은 짜장면 배달을 하면서 월 70만
원 받으며 살았습니다. 그러면서 고시원비만 빼고 전부 기부를
했습니다. 그게 알려져서 대통령과 밥도 먹었습니다.

그런데 어느 날 독감에 걸립니다. 독감에 걸려서 죽을 것 같은데 생각해보니, 자기가 혹시 죽으면 자기가 보내는 기부금으로 먹고사는 아이들이 어떻게 될지 걱정이 되기 시작했습니다. 그게 걱정이 돼서 생명보험을 들려고 합니다. 그런데 가족도 없고, 집도 없고, 의료보험 가입도 안 되어 있어서 보험사에서 보험가입을 안 해주는 겁니다. 그러니까 매일 찾아갑니다. 보험가입 해달라고.

"저 보험 해주세요. 이 아인 고등학생된 준구고요. 축구 잘해요. 6년째 부모 없이 동생 둘 데리고 삽니다. 막내동생 지은이는 아프고요. 순형인 할머니랑 살아요. 여기 르완다 후세는 제가 후원하는 돈으로 일곱 식구가 한 달 살아요. 또 하모니카 잘 부는 미정이는….
이 아이들 다 내 아이들이라고요. 내가 잘못되면 이 아이들… 그래서 보험 들려고 한 겁니다. 그래요, 저 중국집 짱깨 배달붑니다. 의료보험 안 되고, 배우지 못했고, 가족도 없고, 가진 것 없이 고시원 살지만 나 잘못되더라도 이 아이들한테 약속 지키고 싶습니다. 저 같은 사람 보험 들 수 없나요? 살면서 저 잘못되면 이 아이들한테 이거라도

남겨주고 싶은데 안 됩니까? 사장님, 저 도와주시면 안
돼요?"

– 영화 〈철가방 우수씨〉 중

그래서 결국 보험가입이 됐는데, 얼마 지나지 않아 배달하
다가 교통사고로 세상을 떠나게 됩니다.

그런데 우수 씨는 왜 자신이 죽은 뒤를 생각하면서까지 아
이들을 책임지려고 했을까요? 아마도 우수 씨는 가족이 없다
보니 그 아이들을 자기 자식들이라고 생각했던 것 같습니다.
당연히 부모로서 죽어서까지도 책임을 지려고 한 것이지요.

나누는 셋째 이유는 관계를 맺기 위함입니다. 나누는 행동
이 목적이 아니라 그 행동으로 인해 누군가와 존재와 존재로
서 연결되고 관계를 맺는 것이 목적입니다. 나누는 행동에만
집중하게 되면 정말 나눔만 하고 끝나게 됩니다. 일회성으로
끝나는 나눔이 됩니다.

살면서 어려운 문제를 만났을 때

얼마 전 영재발굴단이라는 TV 프로그램에 홍콩에서 열린 국제수학경시대회 만점을 받아 1등을 한 고등학생 두 명을 인터뷰한 장면이 나왔습니다.

> "완전히 다른 것 같아요. 우리나라와 몇몇 나라들, 상위권 나라만 등수에 연연하고 나머지 다른 나라의 학생들은 시험이 목적이기보다는 젊은 수학 잘하는 친구들이 모여서 하는 축제 같은 분위기예요."(최재원, 서울과학고 2학년)
>
> "여러 나라의 학생들 대부분이 문제를 풀러 온 것이 아니라 그냥 다른 친구들과 교류를 하러 온 것 같았어요. 우리 나라에서는 그냥 책상에 앉아서 주어진 A4 용지의 문제들을 푸는 거에 급급했지만 세계 다른 나라 아이들과 같이 축구를 하거나 아니면 같이 여행을 가서 시험이 아닌 교류하는 것들이 시험(IMO)의 숨겨진 의미였던 것 같아요."(주정훈, 서울과학고 3학년)
>
> — SBS 〈영재발굴단〉(2016년 11월 16일) 중

나눔은 나눔 그자체를
목적으로 하기보다는

사람들과의 '관계맺음'을
목적으로 해야 합니다.

자신들은 만점을 받고도 다른 나라 친구들의 모습을 보면서 오히려 배울 점이 있었다고 솔직히 말하는 모습이 보기 좋았습니다. 만약 살면서 어려운 문제를 만났을 때 우리나라 아이들은 책상에 혼자 앉아서 정답을 찾으려 하지 않을까요? 하지만 다른 나라 아이들은 모여서 서로 의논을 할 것입니다. 누가 더 문제를 잘 해결할 수 있을지는 알 수 없지만, 누가 더 많은 관계를 맺고 사람들과 행복하게 지낼 수 있는지는 바로 알 수 있을 것입니다.

나눔은 나눔을 목적으로 하기보다는 사람들과의 관계 맺음을 목적으로 해야 합니다. 그래야 관계 속에서 오래 지속할 수도 있고 혼자 할 수 없는 것들도 함께할 수 있습니다.

벼룩시장에서의 말 한마디

2016년 상반기에 6개월 동안 동묘역 근처 벼룩시장 상인들이 잔돈을 저금통에 모아서 숭인2동 주민센터에 기부했는데 그 금액이 무려 800만 원이었다고 합니다. 그래서 주민센터에서는 상인들에게 감사의 의미로 점심을 대접하는 김에 나눔교육도 해드렸으면 좋겠다고 제게 나눔교육을 요청했습니다.

그래서 11월 10일 숭인2동 주민센터에서 동묘역 근처 벼룩시장 상인들에게 나눔교육을 했습니다. 강의를 마치고 나오는데 50대 여성 상인 한 분이 제게 이런 이야기를 들려주셨습니다.

"선생님 강의 잘 들었습니다. 받기만 해도 나눔이 된다는 것을 알았습니다. 그래서 생각난 것인데요, 얼마 전에 매일같이 가게에 오시는 할아버지가 계셨어요. 매일 오셔서는 1,000원짜리, 2,000원짜리 물건을 깎아달라고 하시는 거예요. 얼마나 남는다고 말이에요.

너무 짜증이 나서 하루는 그 할아버지에게 물어봤어요. '할아버지, 왜 매일같이 와서 저를 괴롭히시는 거예요?' 하고 물었더니 할아버지가 하시는 말씀이 이래요. '응, 아줌마. 아줌마 괴롭히려고 그러는 게 아니고 아줌마랑 얘기하려고 매일 오는 거야. 아줌마랑 오래 얘기하려면 하나라도 깎아야지.'

그런데 그때 근처에서 물건을 구경하던 다른 할아버지들이 죄다 자기도 그래서 온다고 하시는 거예요. 그때는 그런가 보다 하고 넘어갔는데 지금 생각해보니 제가 할아버지들에게 많

은 나눔을 하고 있는 거 같아요. 저 앞으로는 화내지 말고 할
아버지들께 잘 대해드려야겠어요."

벼룩시장에 오는 할아버지들은 물건을 사러 오는 것이 아
니었습니다. 외로워서 누군가와 이야기 나누고 싶은데 나눌
사람은 없고, 벼룩시장에 가면 상인들은 어쩔 수 없이 물건을
팔기 위해 자기와 이야기를 해야 하니까 벼룩시장에 온다는
것입니다. 거기다 이야기를 오래 하고 싶으면 말할 거리가 있
어야 하니 물건 값을 깎을 수밖에 없다는 것입니다.

마을이 있고 사람들이 서로 알고 함께 지낼 때는 이런 문제
가 드물었지만, 지금은 도시에서 퇴직 후 혼자 지내는 노인들
이 많아지다 보니 자연스럽게 생겨난 문제입니다.

이를 해결하기 위해서 행정기관은 그들의 의식주 문제를
해결해주는 것에 집중하고 있습니다. 하지만 혼자 사는 노인
들은 의식주만이 아니라 외로움 또한 큰 문제입니다. 자원봉
사 기관도 마찬가지입니다. 노인들에게 필요한 봉사는 할 수
있지만 딱히 그들과 긴밀한 관계를 맺지는 못합니다.

관계는 나눔을 지속할 수 있는 힘

엄마와 자녀가 함께 자원봉사를 하는 봉사단에 교육을 나가봐도 이런 문제들이 보입니다. 봉사 점수가 목적인 사람들이 모여 있는 곳과 정말 봉사를 통해 다양한 사람들과 만나고 싶은 사람들이 모여 있는 곳은 강의 때 분위기가 다릅니다. 봉사 점수가 목적인 곳은 강의장에서 엄마와 자녀끼리만 이야기를 나누는 분위기입니다.

하지만 봉사를 통해 다양한 사람들과 만나고 싶어서 모인 경우 가족끼리가 아니라 전체 구성원이 서로 친해지며 이야기도 많이 나눕니다. 고등학교를 졸업하고 나서 봉사단 활동이 끊어지는 것과 이어지는 것도 이런 차이에서 출발합니다.

관계는 나눔을 지속할 수 있는 힘입니다. 관계가 없는 나눔은 단순한 행동일 뿐입니다. 단지 물건이나 행동만을 나누기보다 서로를 알아가는 것부터 시작해야 합니다.

부모와 아이의 관계에서는 아이에게 바르게 행동하고 열심히 공부하라고 가르치는 것뿐 아니라 아이와 좋은 관계를 맺고 즐거운 추억을 나누는 것도 목적이 되어야 합니다. 교사와 학생의 관계에서는 수업을 열심히 하는 것뿐 아니라 학생들과 관계를 만들고 나누는 것도 목적이 되어야 합니다.

마을복지에서 사회복지사와 주민들의 관계에서는 주민들에게 복지를 잘 나누는 것뿐 아니라 주민들이 불안해하지 않고 서로 편안하게 지낼 수 있는 관계를 맺게 해주는 것도 목적이 되어야 합니다. 마을에서 활동가와 주민들의 관계에서는 마을만들기만이 아니라 마을에서 사람들이 관계를 맺고 서로 도와가며 사는 것도 목적이 되어야 합니다.

나누면
행복해진다

"행복은 함께 나눌 때만
현실이 된다."
- 영화 〈인투 더 와일드〉 중에서

이제 우리는 한 가지 흥미로운 게임을 진행하려고 합니다. 남녀 대학생 50명을 초대해 25명씩 두 개 방으로 안내했습니다. 두 팀에게는 서로 다른 색깔의 티셔츠를 입게 했습니다. 그리고 양쪽 모두 1번부터 25번까지 번호표를 달게 했지요. 지금부터 주황색 티셔츠를 제안자, 푸른색 티셔츠를 응답자라고 부르겠습니다.

우리는 1,000원짜리 열 장, 즉 만 원이 든 봉투를 제안자에게만 지급했습니다. 제안자들은 만 원을 혼자 다 가져도 됩니다. 하지만 돈의 일부나 전부를 응답자에게 나눠주면 그 돈은 3배로 불어나 응답자에게 전달됩니다. 이들은 고민에 빠지게 될 겁니다.

－KBS 〈사회적 자본 1부 : 모든 것을 바꾸는 한 가지, 신뢰〉(2011년 11월 29일) 중

이것은 경제학에서 많이 하는 신뢰게임이라는 것입니다. 여기서 여러분이 제안자라면 얼마를 내놓으시겠습니까? 사람들은 평균 얼마를 내놓았을까요? 오천 원?

신뢰게임의 결과는?

사람들은 평균 칠천 원을 내놓았습니다. 그런데 경제학자들은 얼마를 내놓을 것이라고 예측했을까요? 경제학자들은 0원을 예측했습니다. 경제학에 따르면 최소의 비용으로 최대의 효과를 내야 하는데 여기서 제안자에게 최대의 효과는 다 갖는 것입니다. 경제학자들은 실험 결과를 보고 놀랐습니다. 자기

들이 공부한 건 그게 아니었기 때문입니다.

그럼 이번엔 반대로 응답자들이 제안자들에게 돈을 돌려주는 경우를 한번 볼까요? 첫째 실험 결과에 따르면 응답자들은 2만1천 원씩 받은 셈입니다. 그렇다면 응답자들은 그 금액의 몇 퍼센트를 돌려주었을까요? 이것도 경제학자들은 0퍼센트를 예상했는데, 실제로는 50퍼센트를 돌려줍니다. 이에 대해 경제학자들은 도저히 이해를 하지 못합니다. 그런데 이 현상을 풀어낸 미국의 경제심리학자가 있습니다.

"미국 경제학자 폴 작 교수(클레어몬트 대학원 신경경제학연구소장). 그는 학계에 신경경제학이라는 용어를 처음 도입한 인물입니다.

신뢰게임이 끝나고 교수가 실험에 참가한 학생의 혈액을 채취하는데요, 게임 참가 이전과 이후 피실험자의 혈액에 어떤 변화가 있는지 알아보기 위한 것이죠. 연구 결과 신뢰게임 참가 이후 피실험자들의 혈액 속에 옥시토신이라는 호르몬 농도가 눈에 띄게 높아졌습니다."

– KBS 〈사회적 자본 1부 : 모든 것을 바꾸는 한 가지, 신뢰〉 중

주고받을 때의 호르몬 변화

실험 결과에 따르면 주는 사람이나 받는 사람이나 옥시토신이라는 호르몬이 늘어났습니다. 그럼 옥시토신은 언제 나오는 호르몬일까요? 이 호르몬은 엄마가 아이를 낳을 때 분만유도제에 들어가는 호르몬과 같은 호르몬입니다. 바로 행복할 때 나오는 호르몬이지요. 이를 보면 사람은 나눌 때, 그러니까 주거나 받으면서 둘 다 행복해진다는 것을 알 수 있습니다.

우리가 보통 "당신은 왜 기부를 하십니까?" 하고 물으면 "저는 기부하고 나면 행복해져요."라고 흔히 말합니다. 그러면

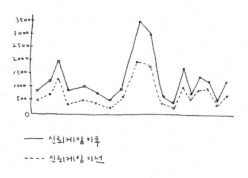

그림 3 신뢰게임 이전과 이후의 옥시토신 호르몬 변화

면 사람들은 그것을 보고 가식적이라거나 허세라고 말합니다. 그런데 그게 실제로 과학적으로 증명이 된 것입니다.

나누는 넷째 이유는 행복하기 위해서입니다. 사람들은 다른 이유보다도 자신이 행복하기 위해서 나눕니다. 또한 다른 사람의 행복을 위해서도 나눕니다. 이때 중요한 것은 나눔을 받는 사람만 행복해지는 것이 아니라 나눔을 주는 사람도 행복해진다는 것입니다. 그렇기 때문에 나눔은 내가 손해 보고 하는 마이너스 나눔이 아니라 나도 이익을 보는 플러스 나눔입니다. 서로에게 플러스가 되는 것입니다.

"자원봉사를 많이 하는 집단을 5년 동안 관찰한 결과 사망률이 44%나 줄어들었다는 것을 볼 수 있었습니다. 여기 보이는 다른 변수들을 고려했을 때도 말이지요." (더그 오만 교수, 버클리대학교 공중보건의학/ 도움행동과 건강과의 관계 연구)

사실 그의 연구는 건강하게 오래 사는 비결을 찾는 데서 출발했습니다. 그런데 2천 명 이상의 노인들을 조사하면서 봉사활동과 수명이 아주 밀접한 관계가 있다는 것을

나눔은 남을 위해서만 하는게
아닙니다. 나의 행복을 위해서
하는 것이고 나의 건강을 위해서
하는 것입니다. 서로가 행복해
지려면 나눔이 필요합니다.

알게 된 것이지요. 더 흥미로운 건 봉사활동을 한 곳에서
만 한 노인들에 비해 두 곳 이상에서 한 노인들의 사망률
이 훨씬 낮다는 점입니다. 그러니까 봉사활동을 많이 할
수록 수명이 연장된다는 거지요. 그 이유는 누군가를 도
울 때 긍정적인 감정이 스트레스를 막아주기 때문이라는
데요. 더그 오만 교수는 또 하나 놀라운 이야기를 들려주
었습니다.

"단지 테레사 수녀의 선행을 보기만 해도 우리 몸에서 변
화가 생깁니다. 스트레스를 덜 느끼게 되고 혈압도 낮아
지고 스트레스를 유발하는 물질도 덜 분비됩니다."

– SBS 특집 다큐 〈공동의 행복 1부 : 2009 나눔 바이러스〉(2009년 12월 7일) 중

연구 결과에 따르면 자원봉사를 하지 않은 사람보다 한 사
람이 더 오래 산다고 합니다. 심지어 자원봉사를 하나 한 사람
보다 둘 이상 한 사람이 더 오래 산다고 합니다. 또 다른 연구
에서는 나눔을 하는 사람들의 몸속에 면역 호르몬이 더 많이
나와서 건강해진다고 합니다.

나눔은 남을 위해서만 하는 것이 아닙니다. 나의 행복을 위

해서 하는 것이고 나의 건강을 위해서 하는 것입니다. 너도나
도 모두 행복해지기 위해 하는 나눔이 필요합니다.

나누면
평등해진다

"프랑스 백수 애들은 일자리 달라고
다 때려 부수고 개지랄을 떨던데
우리나라 백수 애들은 다 지 탓인 줄 알아요."
– 영화 〈내 깡패 같은 애인〉 중에서

　　나사에서 인공위성을 통해 찍은 지구의 모습 가운데 남반
구와 북반구를 밤에 찍어서 합성한 것이 있습니다. 그런데 남
반구와 북반구 중에서 불빛이 어디가 더 많을까요? 북반구가
훨씬 많습니다. 이것은 팔레토 법칙으로, 지구 전체 에너지의
80퍼센트를 북반구에서 사용하고 20퍼센트를 남반구가 사용
합니다.

남반구와 북반구의 불평등 구조

지구와 관련하여 이와 비슷한 팔레토 법칙이 하나 더 있습니다. 지구 전체에 유통되고 있는 돈은 무한한 것이 아니라 일정 정도 정해져 있습니다. 지구에 유통되는 돈은 마구 찍어낼 수 있는 게 아닙니다. 미국만 마음대로 찍어낼 수 있는데 미국도 경제상황에 맞춰서 찍어내기 때문에 무한정 찍어내지 않습니다.

이렇게 정해져 있는 지구 전체 자본의 80퍼센트를 북반구가 가져가고, 나머지 20퍼센트를 남반구가 가져갑니다. 그래서 남반구는 아무리 일을 해도 20퍼센트 이상의 자본을 가져갈 수가 없는 구조입니다. 지금처럼 남반구가 북반구보다 가난한 이유는 게으르거나 전쟁을 많이 해서 그렇다고 알고 있지만, 이미 북반구가 지구 자본의 대부분을 가져갔기 때문인 것이 더 큽니다.

이것은 바꿔 이야기하면, 북반구가 부유한 것은 열심히 일하거나 머리가 좋아서이기도 하지만, 오래 전부터 남반구에서 가지고 온 지하자원의 영향과 남반구 수익의 대부분을 이미 북반구가 가져갈 수밖에 없는 산업구조를 만들었기 때문이라는 주장이 있습니다. 따라서 남반구와 북반구는 이미 불평등한 구조에서 공존하고 있는 것입니다. 겉으로는 공생하는 것 같지만 속으로는 북반구가 남반구에 기생하는 것 같기도 합니다.

둘을 위한 식탁

일본 한 단체의 홍보영상에 한 아이와 아저씨가 시소를 타는 장면이 나옵니다. 위로 올라온 왼쪽의 아이는 남반구 아이인데 못 먹어서 작고 비쩍 말랐고, 아래에 있는 아저씨는 북반구 아저씨인데 너무 많이 먹어서 크고 살이 쪘습니다. 여기서 시소가 기울어져 있는 것은 누구 때문일까요?

아저씨 : 네가 너무 말라서 기울어져 있는 거야.

아이 : 아저씨가 너무 무거워서 기울어져 있는 거예요.

아저씨 : 너는 자라서 커지거나 힘이 세지지 못할 거야.

아이 : 아저씨는 오래 살지 못할 거예요.

아저씨 : 우리는 뭘 해야만 할까?

아이 : 저는 너무 말라서 할 수 있는 게 없어요.

아저씨 : 내가 무거우니까 내가 뭔가 할 수 있을 거야.

아이 : 네, 아저씨가 할 수 있을 거예요.

아저씨 : 해보자.

이런 식량 불균형을 바로잡기 위해서 당신이 뭔가 할 수 있을 것입니다.

위 내용은 일본의 '둘을 위한 식탁(Table for two)'이라는 단체의 홍보영상 내용입니다. 마지막 문장의 '당신'은 누구입니까? 아마도 북반구에 사는 우리들일 것입니다.

우리가 지금처럼 어느 정도 잘사는 이유는 우리가 열심히 일했기 때문이기도 하지만, 남반구가 전체 자본의 20퍼센트만으로 나눠가지고, 북반구는 80퍼센트의 자본을 나눠가지는 구조적 문제 때문이기도 합니다. 우리가 북반구에 살기 때문에 잘사는 것입니다. 당연히 북반구에 사는 우리들은 받은 만큼 돌려줘야 할 것입니다. 그래서 나눔은 선택이 아니라 필수이며 책임이라는 생각을 합니다.

이 단체는 하나 사면 하나 더 주는 방식을 이용합니다. 이

단체가 기업, 관공서, 학교 등에 들어가면 급식 메뉴가 하나였던 게 둘이 됩니다. 하나는 고기가 있는 메뉴이고 하나는 고기가 없는 메뉴입니다. 둘의 가격 차이는 우리 돈으로 약 3천 원입니다.

직원들이나 학생들이 기부하는 방법은 간단합니다. 급식 먹을 때 고기가 없는 메뉴를 들고 가서 먹으면 끝납니다. 그러면 3천 원이 남반구 아이들의 급식에 기부가 됩니다. 그러면 남반구 아이들은 밥을 잘 먹어서 잘 자라게 되고, 북반구는 한 끼라도 고기를 안 먹게 되니 건강해집니다.

나눔이라는 것은 내가 손해 보면서 하는 게 아니라 나도 이익을 보면서 하는 것임이 잘 적용된 예입니다.

구덩이에 빠진 사람에게 필요한 것은?

나누는 다섯째 이유는 불평등하기 때문입니다. 앞에서 설명했듯이 불평등의 원인은 개인에게 있기도 하지만 구조적인 원인이 더 크다고 할 수 있습니다.

예를 들어 사람이 지나가다가 발을 헛디뎌서 깊은 구덩이

나눔은 가진 자가 가지지 못한 자에게
주는 것이 아닙니다. 원래 그들의 것을
그들에게 돌려주는 것입니다.

에 빠졌습니다. 그럼 그 사람에게 먹을 것을 줘야 합니까, 사다리를 줘야 합니까? 구덩이에서 나오게 하려면 사다리를 줘야 합니다. 그런데 우리는 먹을 것만 주고 있다는 것입니다.

먹을 것만 준다는 것은 그 사람이 구덩이에서 어떻게 하라는 것입니까? 구덩이 안에서 살라는 이야기나 마찬가지입니다. 그런데 빠진 사람이 꺼내달라고 하면 뭐라고 합니까?

"내가 잘못해서 빠진 거야? 네가 공부 안 하고 네가 일 안 해서 빠진 건데 왜 나한테 살려달라고 하는 거야? 먹을 거라도 주는 걸 고맙게 생각해!"

이것이 지금 해외원조의 개념이고 우리나라의 복지 개념입니다. 자립할 수 있는 지원보다는 딱 먹고살 정도의 지원만 해주는 것입니다. 그럼 그 사람은 어떻게 될까요? 그 속에서 계속 나올 수가 없게 됩니다.

종자 무료지원의 함정

GMO 식품으로 유명한 몬산토라는 다국적 기업이 있습니다. 세계 종자시장의 27퍼센트를 차지하고 있고 2013년 기준으로 유전자 변형 종자(GMO) 특허의 90퍼센트 이상을 보유하고 있는 거대 기업입니다.

이 기업이 어려운 나라에 종자를 무료로 지원하는데 이때 농약을 함께 무료로 지원합니다. 그런데 그 종자는 GMO 종자로, 생산량은 높지만 함께 지원된 농약에만 반응하는 종자입니다.

당연히 다른 농약으로는 해충을 잡을 수가 없습니다. 농민들은 먹고살기 힘들기 때문에 지원받은 종자로 농사를 짓습니다. 생산량도 많아 부족하지 않게 먹고삽니다.

하지만 몬산토는 3년째부터 종자는 무료로 주지만 농약은 비싸게 판매를 합니다. 농민들은 가진 게 없으니 농약은 사지 않고 종자만 받아서 농사를 짓습니다. 그런데 같이 사용했던 농약이 아니고는 해충을 잡을 수가 없어서 결국 한 해 농사를 망칩니다. 결국 울며 겨자 먹기로 다음 해에는 농약을 구입하게 됩니다. 그러나 가진 것이 없어서 대부업체를 통해 돈을 빌려서 농약을 사게 됩니다.

그 이후로 농민들은 빌린 돈을 갚기 위해 농사를 짓게 됩니다. 아무리 열심히 농사를 지어도 대부업체에서 빌린 돈의 원

구덩이에 빠진 사람에게
먹을 것만 주면 안됩니다.

구덩이에 빠진 사람에게는
사다리가 필요합니다.

금은커녕 이자를 갚기에도 벅찰 수밖에 없게 됩니다. 몬산토가 들어오기 전까지 가난하지만 농사지으며 먹고살던 사람들은 어느새 빚에 쫓겨 일하는 신용불량자가 되어버립니다.

일을 안 하거나 게으른 게 아니라, 일을 해도 가난하게 살 수밖에 없는 구조가 되는 것입니다. 구덩이에 빠진 사람에게 사다리는 주지 않고 먹을 것만 주었기 때문입니다.

노숙인들을 대상으로 한 실험

2009년 5월 영국 런던에서 13명의 노숙자를 대상으로 작은 실험이 시작됐다. 길게는 40년 넘게 길거리를 집 삼아 살아온 이들에게 한 자선단체가 공짜 식권이나 생필품 대신 돈을 나눠주기로 한 것이다. 이들은 각각 4,500달러(약 470만 원)를 현금으로 받았다. 이 돈에는 어떤 조건도 붙지 않았고, 노숙자들은 자기가 쓰고 싶은 곳에 마음껏 쓸 수 있었다.

이런 경우 노숙자들이 돈을 흥청망청 쓰고 또다시 손을 벌릴 것이라는 선입견이 지배적일 것이다. 그런데 결과는 전혀 예상 밖이었다. 13명 중 술이나 마약, 노름에 돈을 허비한 사람은 한 명도 없었다. 노숙자들의 구매욕은 소박했다. 그들은 전화기나 여권, 사전 등을 구입했다. 어디에 돈을 쓰는 게 자신한테 최상인지를 알고 있었다.

1년 뒤 조사해보니 13명 중 11명이 더 이상 거리를 배회하지 않았다. 대부분 장기 숙박업소(호스텔)나 노숙자 쉼터에서 살고 있었다. 다들 뭔가를 배우려고 학원에 등록하거나 요리를 배우고 있었다. 마약중독 치료를 받기 시작한 사람도 있었다.

네덜란드 언론인 루트거 브레흐만은 지난달 31일(현지시간) 워싱턴포스트에 기고한 '공짜 돈의 위력'이라는 제목의 칼럼에서 이 사례를 소개하며 가난한 사람에게 돈을 나눠주면 무책임하게 허비할 것이라는 추측을 반박했다. 이런 근거 없는 편견 때문에 빈자(貧者)에게 돈 대신 온갖 다른 것을 지원하는 프로그램을 짜내고 관리하느라 오히려 더 많은 세금이 들어간다는 것이다.

실제로 노숙자들을 관리하려면 의료비, 법률 서비스, 치안 유지비 등으로 1인당 연간 수천 달러가 들어가는 데 반해, 이들 13명에게는 조사 직원 임금까지 포함해 총 8만2천 달러밖에 들어가지 않았다는 것이다.

이 노숙자 실험에 관여했던 한 조사요원은 "솔직히 실험 결과를 별로 기대하지 않았는데 뜻밖이었다"면서 "이 실험은 우리에게 복지 문제에 다르게 접근하는 법을 가르쳐 줬다"고 말했다.

브레흐만에 따르면 가난한 가정에 공짜 돈을 나눠줬더니 범죄율, 영아 사망률, 10대 임신율, 무단결석률 등이 하락했다는 연구 결과가 최근 속속 나오고 있다. 글로벌개발센터(CGD) 소속 경제학자 찰스 케니는 지난해 6월 발표한 보고서에서 "가난한 사람이 가난하게 사는 가장 큰 이유는 돈이 없기 때문"이라며 "그들의 문제를 해결하는 가장 좋은 방법은 돈을 주는 것"이라고 주장했다.

– 출처 : 서울신문 '공짜 돈의 위력'(2014년 1월 2일)

노숙자 하면 게으르다는 선입견이 있습니다. 노숙하는 이유를 개인의 책임으로 보는 것입니다. 그런데 노숙인은 남자가 많습니까, 여자가 많습니까? 남자가 많습니다. 여자는 게

으르지 않습니까? 20대와 50대 중에는 누가 많습니까? 50대
가 많습니다. 그럼 청년은 게으르지 않습니까?

이처럼 노숙인만 봐도 개인의 책임도 있지만 사회구조적인
책임도 있음을 알 수 있습니다. 우리나라는 가장이라는 구조
가 있기 때문에 50대 남자가 노숙인이 될 확률이 높은 것입니
다. 당연히 가장인 50대가 직장을 잃으면 노숙인이 되는 사람
도 있을 수 있다는 것입니다. 물론 모두가 그런 것은 아니지만
이러한 것들에 대한 이해가 없으면 노숙인들을 기생하는 사람
들로만 보게 됩니다.

공공재와 세금의 의미

내가 힘들 게 일해서 번 것을 나누는 것이므로 나눔은 나의
선택이고 내가 나누고 싶은 것만 나눠야 한다고 생각합니다.
하지만 이때 우리가 놓치고 있는 것이 있는데, 바로 공공재와
세금이라는 것입니다.

어렸을 때에는 학교에서 선생님들이 거의 다 이런 이야기
를 해주셨습니다.

"너희 공부 열심히 해서 성공하고 돈 많이 벌면 못사는 사람들 꼭 도와줘야 한다."

"선생님, 제가 열심히 공부하고 열심히 일해서 번 돈을 왜 나눠야 하나요?"

"네가 어떻게 공부를 할 수 있는 것 같니? 선생님 월급은 누가 주는 걸까? 학교는 누구 돈으로 지은 거지?"

만약 우리가 아프리카에서 태어났어도 지금처럼 공부해서 돈을 벌 수 있었을까요? 국민들이 낸 세금으로 학교도 짓고 선생님 월급도 주니까 공부도 할 수 있는 것입니다. 그런데 지금은 어떻습니까? 내가 공부 잘하고 돈 잘 버는 것은 순전히 나 때문이라고 생각합니다. 내가 똑똑하고 열심히 했으니까 그렇게 된 것으로 생각합니다.

자동차 회사가 수익을 낼 수 있는 것은 무엇 때문입니까? 도로가 깔려 있기 때문입니다. 누구 돈으로 그 도로를 깔았습니까? 우리가 낸 세금으로 깔았습니다. 그러니까 우리 돈으로 수익을 올렸으면 우리한테 그 수익을 돌려주는 게 맞는 것입니다.

이것을 기업의 사회적 책임이라고 합니다. 그런데 기업들은 수익의 일부를 국민들에게 돌려주는 것에 인색합니다. 겨우 CSR(Corporate Social Responsibility) 팀을 만들어 이런저런 행사들만 하고 있습니다. 이는 회사의 이미지를 높이는 마케팅으로 이용하려는 의도가 다분합니다. 차라리 협력업체 직원들의 월급을 제대로 주는 것이 더 사회적 책임을 다하는 것일 수도 있는데 말입니다.

불평등 때문에 생기는 오해

불평등하기 때문에 가지는 오해도 있습니다.

예를 들어 전형적인 기부광고에는 몇 가지 규칙이 있습니다. 연예인이 나와야 하고 아프리카 아이가 나와야 합니다. 이 아이가 아프리카 아이에서 남미나 동남아시아 아이로 바뀌면 기부금액이 확 떨어진다고 모금관계자들은 말합니다. 그래서 아프리카에는 기부광고를 전문으로 연기하는 아이가 있다고 할 정도입니다.

그런데 아프리카 아이가 나오는 광고는 왜 남미나 동남아

시아 아이가 나오는 광고보다 사람들에게 기부를 더 하게 만드는 것일까요? 아마도 시청자가 남미나 동남아보다 아프리카가 더 못살고 불쌍하다는 선입견을 가지고 있기 때문일 것입니다. 그럼 시청자들이 아프리카 아이를 더 불쌍하게 보는 이유는 무엇이겠습니까? 아마도 밥을 제대로 먹지 못한다는 점 때문일 것입니다. 다른 곳보다 비가 더 적게 오고 전쟁도 많이 해서 밥을 먹을 수 있는 기회가 더 적다고 생각하기 때문일 것입니다.

그런데 우리나라에서 밥을 못 먹는 건 불쌍한 게 맞지만, 아프리카에선 불쌍하다고 생각하지 않을 수도 있습니다. 왜냐하면 자기만이 아니라 모두가 못 먹기 때문에 자신이 특별히 누구보다 더 불쌍하다고 생각하지 않을 수 있는 것입니다.

우리나라 청년들이 아프리카에 가서 봉사하면서 가장 당황하는 것 중 하나가 아이들이 불쌍해야 도와줄 수 있는데 가끔 불쌍해 보이지 않고 행복해 보이는 아이들이 있다는 것입니다. 불쌍해 보여야 준비한 것을 줄 수 있는데 그렇지 않아 보이기 때문에 줄 수 있는 게 없다고 생각합니다.

그런데 아프리카 아이들이 정말 최고로 불쌍한 게 맞나요?

아프리카 아이들보다 우리나라 아이들이 더 자살을 많이 하는데 말입니다. 매일 40명이 자살을 하고 한 해에 14,000명이 자살을 하는데 말입니다. 청소년만 매일 1명이 자살을 하고 있습니다.

아프리카 아이들은 경제적으로는 부족할지 몰라도 친구들과 노는 것은 우리나라 아이들보다 자유로울 것입니다. 우리는 그저 밥을 못 먹는다는 것 하나만으로 그들을 평가하고 불쌍하다고 합니다. 서로에 대해 잘 알지 못하는 것입니다.

나눔은 가진 자가 가지지 못한 자에게 주는 것이 아닙니다. 원래 그들의 것을 그들에게 돌려주는 것입니다.

누구나
공감받고
싶어 한다

"힘내. 힘내. 힘내. 힘내. 힘내."
– 영화 〈너는 착한 아이〉 중에서

"저건 날마다 사냐?"

"그래."

"밤마다 버리고?"

"그래."

"읽기는 해?"

"아니."

"그럼 왜 사?"

– 영화 〈리슨 투 유어 하트〉(2010) 중

주인공인 대니는 가족도 없이 작은 아파트에서 근근이 생활하며 음악의 꿈을 키워가고 있지만 언제나 긍정적인 마음가짐으로 작은 레스토랑에서 웨이터로 일하며 살아갑니다. 어느 날 같은 레스토랑에서 동료로 일하는 친구가 집에 놀러 와서 보니 쓰레기통에 신문이 한가득입니다. 이런저런 질문을 하다 보니 신문은 읽지도 않는데 매일 산다는 것입니다. 그것도 가판대에서 신문을 파는 어느 할아버지에게서 산다는 것입니다.

대니가 아침마다 할아버지에게서 신문을 사는 이유가 무엇이겠습니까? 아마 대부분은 신문을 파는 할아버지가 불쌍해서 도와주기 위해 산다고 생각할 것입니다.

하지만 대니의 대답은 의외였습니다.

"파는 사람이 맘에 들어서."

나누는 셋째 이유에서도 이야기했지만 우리는 나눔이라는 행동에만 집중하지 나누는 대상에 대해서는 크게 신경을 쓰지 않습니다.

하지만 대니는 가족 없이 혼자 살고 있어서 그런지 몰라도 그 할아버지를 아버지처럼 생각하는 것 같습니다. 그래서 그 할아버지가 맘에 들어서, 아침마다 한 마디라도 하고 싶어서 신문을 사는 것입니다. 그 할아버지가 안고 있는 문제를 해결해주는 것만이 아니라 그 할아버지의 마음을 조금이라도 느껴보고 싶은 마음인 것입니다.

공감받고 싶은 마음

대개 외국인 노동자를 만나면 무엇을 물어볼까요? 아마 어디서 왔는지 무슨 일을 하는지 어려운 점은 없는지에 대해 물어볼 것입니다. 이런 질문을 하는 것은 그 외국인 노동자가 궁금해서이기도 하지만 외국인 노동자라는 대상이 궁금해서인 이유가 더 클 것입니다.

제가 초등학교 선생님 시절에 새로운 모임에 나가 직업을 이야기하면 사람들이 제게 몰려듭니다. 그러면서 이것저것 묻습니다. 방학 때도 월급은 나오는지, 아이들 가르치는 데 힘들

사람이 가진 문제만 해결해주면
행복할 것이라 생각하지만 실제로
그 사람에게 중요한 것은 관계 속
에서 공감받고 싶은 마음입니다.

지는 않은지 등을 말입니다. 이런 경우 대개는 저에 대해 궁금하다기보다는 초등학교 선생님의 생활이 더 궁금한 것입니다.

우리는 흔히 그 사람이 가진 문제만 해결해주면 행복할 것이라고 생각하고 나누지만, 실제로 그 사람에게 중요한 것은 관계 속에서 공감받는 것입니다. 그래서 나누는 마지막 이유는 공감받고 싶은 마음입니다.

다양하게 만나서 감정을 나눠요

가끔 복지관에서 자조모임을 대상으로 인문학 강의를 할 때가 있습니다. 이때 모인 분들이 모두 같은 세대일 때와 여러 세대가 섞여 있을 때 이야기를 풀어가는 방식이 달라집니다.

한 세대만 모였을 때는 문제의식이 비슷하고 문제를 해결하려는 의지는 강한데 서로 자신의 문제를 드러내기 꺼리고 그것에 대해 말하기를 좋아하지 않습니다. 그래서 문제만 이야기하다 겉도는 경우가 많습니다.

반면에 여러 세대가 모였을 때는. 문제의식이 서로 다르고 문제를 해결하려는 의지가 약하지만 꼭 뭔가를 하지 않아도 그 안에서 문제가 풀릴 때가 있습니다. 그저 다른 세대의 이야기를 들어주고 자기 사례를 이야기해주며 그럴 수도 있다는 식으로 진행이 됩니다. 사실 문제가 완전히 해결되지는 않지만 다른 세대의 이야기를 통해 위로받고 공감받음으로써 다음 강의 시간에 대한 기대치가 올라갑니다. 정작 저는 서로 이야기를 나눌 수 있는 시간만 주었을 뿐인데 말입니다.

예를 들면 20~30대가 모인 자조모임에서는 주로 아이를 양육하면서 느끼는 어려움에 대해 이야기를 합니다. 이때 20~30대만 모여 있을 경우에는 서로 눈치를 보면서 일반적인 문제들을 이야기합니다. 그러면서 서로 맞장구는 치는데 구체적인 사례를 들거나 그것을 통한 공감은 강하게 하지 못합니다.

하지만 다양한 세대가 모이면 20~30대가 양육문제를 이야기하면 50~60대가 자신들도 아이들 키울 때 그런 문제 때문에 힘들었다면서 적극 공감을 해줍니다. 그러면서도 너무 그 문제 때문에 힘들어하지 말라며 자신들이 살면서 배운 대안들을 이야기합니다. 20~30대는 누구도 그런 이야기를 해준 적이 없기에 상당히 위로를 받는다고 합니다.

반대로 50~60대가 노인이 되어서 느끼는 문제들을 이야기하면 20~30대는 마치 자신의 어머니인 듯 감정이입이 되면서 자신의 문제처럼 이야기를 같이 나누게 됩니다. 50~60대도 같은 세대끼리는 이야기해봐야 대수롭지 않게 여기기 때문에 말을 못 하다가 젊은 세대가 공감해주고 자신의 일처럼 이야기해주는 것에서 위로를 받는다고 합니다.

사람은 누구나 공감받고 싶은 욕구가 있는데 친하지 않은 경우에는 그것을 드러내기가 쉽지 않습니다. 하지만 다양한 세대가 모였을 경우에는 서로 다름만 인정할 수 있다면 친하지 않더라도 얼마든지 이야기를 들어주고 조언을 해줄 수 있기에 그로 인해 더 친해질 수도 있습니다. 또한 힘든 감정은 줄어들고 기쁜 감정은 배가 됩니다.

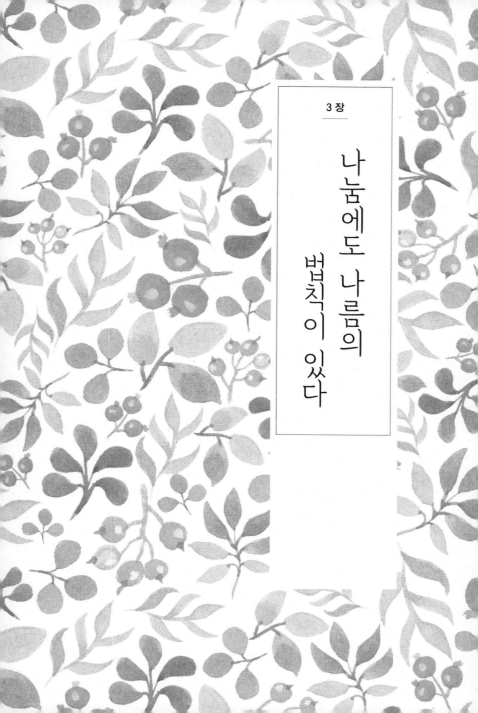

3 장

나눔에도 나름의
법칙이 있다

사람마다
원하는 게
다르다

"꽃피는 시기가 꽃마다
사람마다 다 다릅니다."
- 김국진, 〈남자의 자격〉에서

영화 〈심플 라이프〉(2012)에서 꽤나 성공한 영화제작자인
주인공 로저(유덕화)는 4대에 걸쳐 로저네 집안일을 하며 살아
온 아타오라는 가정부와 둘이 살고 있습니다. 태어날 때부터
로저를 돌봐준 아타오는 거의 어머니와 같은 존재입니다.

출장이 잦은 로저에게 아타오는 로저가 좋아하는 음식을
만들어서 내옵니다. 영화 첫 장면이 아타오가 로저에게 음식

을 만들어서 내놓는 장면인데, 로저는 그런 아타오를 매우 만족해합니다. 동시에 아타오는 부엌에 있는 고양이에게도 먹을 것을 줍니다.

그런데 아타오가 주인인 로저에게 주는 음식은 로저가 원하는 것이지만 고양이에게 주는 음식은 고양이가 원하는 것이 아니라 로저가 먹고 남은 것입니다. 아타오는 똑같이 먹을 것을 주는데 상대에 따라 주는 것이 달라집니다. 이처럼 상대방이 원하는 것을 주는 것을 '시중'이라고 하고, 내가 원하는 것을 주는 것을 '시혜'라고 합니다. 둘 다 나눔에서는 그리 좋지 않은 나눔이라고 합니다. 왜냐하면 둘 다 일방적인 나눔이기 때문입니다.

주는 사람의 마음과 받는 사람의 마음

영화가 중반으로 접어들면 아타오가 중풍에 걸려 요양원에 가게 되고 로저는 그런 아타오를 돌봐줍니다. 평생 돌봄을 받다가 돌봄을 주게 되는 것입니다.

그중 추석 즈음에 방송사에서 나와 재롱잔치를 하는 장면이 있습니다. 강아지와 고양이가 재롱을 부리고 가수도 와서 요양원에 계신 어르신들은 흥겨운 시간을 보냅니다. 이때 추석이라고 과자도 나눠주는데, 한 아주머니는 나눠주고 있는데 한 아저씨는 나눠준 과자를 다시 걷고 있습니다.

사회복지사가 왜 그러냐고 물어보니 방송국에서 나온 것이어서 여기만 찍는 게 아니라 다른 곳에 가서도 찍어야 하기 때문이랍니다. 그런데 그 많은 과자를 다 사들고 다닐 수 없으니까 여기서 나눠주고 찍고 걷어서 다른 데 가서 또 찍는다는 것입니다. 과자를 실제로 나눠주는 게 아니라 소품으로 사용하는 것입니다. 물론 추석 당일에 보내주겠다고는 하지만 어르신들의 기분은 이미 상했습니다.

촬영을 마치고 방송국 사람들이 다 돌아간 다음에 어르신들은 쉬고 싶은데, 쉬지 못하게 합니다. 바로 이어서 또 아이들이 재롱잔치를 하러 온다는 겁니다. 할아버지 할머니들은 쉬고 싶지만 아이들이 상처받을까 봐 싫다는 말도 하지 못하고 그냥 주는 대로 받기만 합니다. 시혜는 주는 사람이 주고 싶은 대로 주는 것이기 때문에 받는 사람의 마음을 잘 알기 힘듭니다.

요양원 장면 중에 이런 장면도 있습니다. 두 할아버지가 친구인데, 한 할아버지가 중풍에 걸려서 밥을 잘 못 먹습니다. 다른 할아버지는 말은 좀 거칠게 해도 친구니까 도와줍니다.

그런데 자꾸 음식을 흘리고 떨어뜨리니까 화를 냅니다. 그러면서 하는 말이 "가르쳐줘도 안 배우잖아요!"입니다. 중풍에 걸린 할아버지는 노력을 합니까, 안 합니까? 하는데 제대로 안 되는 것입니다.

반대로 친구인 할아버지는 좋은 마음으로 하는 것입니까, 나쁜 마음으로 하는 것입니까? 물론 좋은 마음으로 하는 것입니다. 하지만 서로 받고 싶지 않고 주고 싶지 않게 됩니다. 서로 원하지 않는 나눔을 주고받고 있어서입니다.

나눔에 있어서 가장 중요한 것은 서로의 욕구를 파악하는 것입니다.

상대방이 만족할 수 있는 것을 주기

서로 사랑에 빠진 사자와 소가 살았습니다. 둘은 너무나도 사랑했기에 주위의 반대에도 불구하고 서로 결혼을 했고, 상대방에게 최선을 다하겠노라 다짐을 했습니다.

소는 정말 최선을 다해 맛있는 풀을 가져다 사자에게 대접했습니다. 사자는 풀을 먹을 수 없었고, 그게 싫었지만 말을 하지 못했습니다.

사자는 열심히 사냥을 해 신선한 고기를 가져다 소에게 대접했습니다. 소 역시 고기를 먹을 수 없었지만, 그게 괴로웠지만 참았습니다.

그렇게 하루 이틀, 날이 지날수록 서로는 서로에게 실망을 했고, 결국 둘은 헤어지게 되었습니다.

그러고는 자기 자신에게, 그리고 상대방에게 이야기했습니다.

"난 최선을 다했는데…."

인터넷에 떠도는 '사자와 소의 사랑이야기'입니다. 분명 둘은 사랑을 했고 상대방에게 최선을 다했지만 상대방이 무엇을 원하는지는 알지 못했습니다. 만약에 상대방이 원하는 것이 무엇인지 조금이라도 알았더라면 둘은 헤어지지 않았을 것입니다.

이처럼 나눔은 무조건 내가 원하는 것을 시혜한다고 해서 좋은 것이 아닙니다. 상대가 원하는 것을 줄 수 있어야 상대방이 만족할 수 있는 나눔이 될 수 있습니다.

사회적 가치에 맞게 나누어야

그럼 반대로 상대방이 원하는 것을 다 해주는 시중은 어떨지 생각해볼까요?

영화 〈심플 라이프〉에서 요양원의 한 노인은 매일 사람들에게 200~300달러를 빌립니다. 하루는 로저에게 빌려서 어디론가 가버렸습니다. 로저는 요양원을 나와 집으로 가던 중에 우연히 그 노인을 보게 됩니다. 과연 노인은 돈을 빌려 어디를 다녔던 것일까요? 그 노인은 빌린 돈으로 사창가를 다녔습니다. 그렇다면 사람들은 그 노인에게 돈을 계속 빌려줘야 할까요?

네덜란드는 대마초를 구입하고 사용하는 것이 합법입니다. 그곳에서는 누군가 정신적으로 힘들어할 때 대마초를 주는 것이 불법이 아닙니다. 하지만 우리나라에서 누군가 정신적으로 힘들어한다고 대마초를 구해서 주면 어떻게 되겠습니까?

상대방이 원한다고 모두 해줄 수 있는 것은 아닙니다. 그 시대와 장소에 맞는 사회적 가치가 있습니다. 그 사회적 가치에 맞게 나눌 수 있어야 합니다. 그렇지 않으면 나눔의 의미가 훼손될 수도 있습니다.

주고받는 마음과 관계 맺음

"이런 식으로 먹어본 적이 없는데요."

"원하는 대로 해요. 그렇지만 우린 당신이 시작하는 걸 기다리는 게 좋을 것 같군요."

(입으로 숟가락을 물고 음식물을 떠 올려보다가 그만둔다.)

"틀린 건 아니에요."

(입을 대고 음식물을 먹는다.)

– 영화 〈더 이스트〉(2013) 중

영화 〈더 이스트〉에서 주인공인 사라는 비윤리적인 기업에 대한 복수를 꾸미는 환경테러단체인 '이스트'에 침입해서 정보를 빼내는 임무를 받고 단체에 침투합니다.

우여곡절 끝에 침투에 성공한 날 저녁에 사라는 '이스트'의 구성원들과 저녁을 먹게 됩니다. 그런데 모두 정신병원에서 쓰이는, 상체를 움직이지 못하게 하는 옷을 입고 먹습니다. 물론 사라도 그 옷을 입고 앉았습니다. 사라는 아무리 노력해도 손을 쓸 수 없었기에 입을 대고 먹을 수밖에 없었습니다. 그런데 다른 사람들은 모두 서로 숟가락을 입에 물고 다른 사람에게 음식을 떠먹여 주는 것이었습니다. 사라는 멍하니 쳐다볼 수밖에 없었습니다.

사라는 다른 사람들처럼 왜 떠먹여 주거나 받아먹지 못했을까요? 사라가 몰라서 그런 걸까요? 아마 서로 잘 모르는 사이여서 떠먹여 달라고 부탁하기가 힘들었을 것입니다.

나눔은 관계 맺음이 우선입니다. 특히 서로 주고받는 호혜를 할 때는 더더욱 관계 맺음이 우선되어야 합니다. 서로 잘 모르면 부탁하기가 어렵습니다. 설령 부탁을 하더라도 진짜 원하는 것까지 부탁하지 못하고 실례되지 않는 범위 내에서 부탁하게 됩니다.

시혜, 시중과 호혜의 관계를 정리하면 아래 표와 같습니다.

행동 \ 욕구	나	너	우리
나	시혜/간섭	시중	기여/호혜
너	시중	시혜/간섭	기여/호혜

표1 행동자의 욕구에 따른 나눔의 형태

내가 나누면서 내 욕구에 따르는 것은 시혜나 간섭이 될 수 있습니다. 내가 나누면서 상대방의 욕구에 따르는 것은 시중이고 내가 나누면서 우리의 욕구에 따르는 것은 호혜라고 할 수 있습니다.

반대로 상대방이 나누면서 내 욕구에 따르는 것은 시중이고, 상대방(자신)의 욕구에 따르는 것은 시혜나 간섭이 될 수 있으며, 우리의 욕구에 따르는 것은 호혜가 됩니다. 이 가운데에서 시혜나 시중보다는 호혜를 할 수 있도록 서로의 욕구를 잘 파악할 수 있어야 합니다.

원하는 것을
물어봐야
안다

"할아버지는 '고맙다, 페로.'라고 하면서
슬픈 표정으로 우셨어요. 페로가 이유를 물으니
할아버지는 중얼거렸어요. '할멈의 향기가 사라져버렸어.'"
- 영화 〈오 브라더 오 시스터〉 중에서

여동생이 방학 중인 여덟 살짜리 조카를 저희 집에 맡겼
어요. 회사에 급한 일이 있어서 일주일만 봐달라고 하더
군요. 마침 제 휴가 날짜와 딱 맞아떨어졌고 저희 아이들
과 놀게 하면 되겠다 싶어서 흔쾌히 그러라고 했습니다.
조카가 저희 집에 온 첫날, 심심해할 조카를 위해 워터파
크를 갔어요. 전 저희 아이들은 뒷전이고 조카만 따라다

니며 어린이 풀에서 재밌게 놀아주었습니다.

"삼촌의 물폭탄을 받아라, 얍! 첨벙첨벙."

"에잇, 삼촌 물폭탄이 어딨어요, 한번 던져봐요."

"어, 삼촌은 물속에서 변신도 할 수 있는데. 얍! 첨벙첨벙."

이러면서 어처구니없어하는 주변 사람들의 시선은 아랑
곳하지 않고 조카를 위해 최선을 다해 놀아주었습니다.
시간이 갈수록 지치고 힘들었지만 얕은 물에서 잠수도 하
고 배영도 하고 개헤엄까지 선보이며 몸개그를 보여줬더
니 조카녀석도 깔깔거리며 좋아하더라고요.

그리고 집에 오는 길에 동네에 있는 트램펄린, 일명 방방
이라 불리는 놀이기구를 타러 갔어요. 원래 아이들만 타
는 거지만 사장님께 양해를 구하고 저도 함께 탔습니다.
땀나도록 열심히 뛰었어요. 누가누가 더 높이 뛰나 시합
도 하고 텀블링도 선보였어요. 땀나도록 뛰고 돌아오는
길에 아이들이 좋아할 만한 달달한 군것질거리도 사주며
조카에게 점수를 따려고 노력을 했습니다.

그리고 그날 밤 거실에 있던 조카가 어디론가 전화를 거
는 것 같았어요.

"아빠, 나 언제 데리러 와? 아니, 재밌어. 근데 삼촌은 워터파크 가서도 심하게 물장구쳐서 옆 사람에게 피해를 주고 방방 타러 갔을 때도 어른이면서 다른 사람들에게 피해를 많이 줬어요. 그리고 불량식품도 잘 사먹어요. 그러니까 아빠, 내일 당장 데리러 오세요. 나 집에 갈래."

조카의 '나 집에 갈래' 이 한마디가 메아리처럼 귓가에 울려 퍼지는데 힘들게 논 보람도 없고 맥만 빠졌습니다.

- SBS 파워FM 〈아름다운 이 아침 김창완입니다〉 중

삼촌과 조카 중에서 누가 더 참고 나눔을 했습니까? 둘 다 많이 참고 둘 다 많이 나눴다고 생각합니다. 아마 조카는 삼촌이 아니었으면 벌써 화를 내고 집에 갔을 것이고 삼촌도 조카만 아니었으면 벌써 그만뒀을 것입니다. 그렇다고 둘 다 원하는 것을 받은 것도 아닙니다. 이때 어떻게 했으면 더 좋은 상황이 되었을 것이라고 생각하시나요?

주는 사람과 받는 사람이 서로 무엇을 원하는지 물어봤거나 원하는 것을 요청했으면 더 좋은 나눔이 되었을 것입니다. 삼촌은 이런 것을 해주고 싶은데 괜찮겠냐고 물어보고, 조카

는 이런 것은 좋아하지 않으니 다른 것을 해달라고 요청했으면 더 좋은 나눔이 되었을 것입니다.

부모 입장에서 아이들이 하는 말 중에 가장 서운한 말이 있습니다. "엄마가 나한테 해준 게 뭐가 있는데?"입니다.

이 말은 어찌 보면 틀린 말 같은데 아이의 입장에서만 보면 맞는 말일 수도 있습니다. 왜냐하면 엄마는 아이가 원하는 것이 아니라 엄마가 주고 싶은 것을 주기 때문입니다. 그것은 아이가 뭘 원하는지 물어보지 않고 엄마가 보기에 좋다고 생각되는 것을 준다는 것입니다. 엄마는 왜 물어보지 않을까요? 아마 엄마가 주고 싶은 것을 주기에도 시간이 부족하다고 생각하기 때문일 것입니다.

할아버지의 눈물

어느 날 페로는 슬퍼 보이는 할아버지를 만났어요. 페로는 할아버지를 기운 나게 해드리려고 살짝 집에 들어가 온 집 안을 건강한 향기로 가득 채웠어요. 그때 할아버지가 돌아오셨어요. 할아버지는 "고맙다, 페로."라고 하면

주는 사람과 받는 사람이
서로 무엇을 원하는지
물어보거나, 원하는 것을
요청하면 더 좋은 나눔이
될 수 있습니다. ✿

서 슬픈 표정으로 우셨어요. 페로가 이유를 물으니 할아버지는 중얼거렸어요.

– 영화 〈오 브라더 오 시스터〉(2015) 중

페로는 할아버지를 위로해 드리려고 많은 노력을 했는데 왜 할아버지는 우신 걸까요? 꽃 이벤트가 맘에 들지 않아서일까요? 그런데 할아버지는 의외의 대답을 합니다.

"할멈의 향기가 사라져버렸어."

할아버지는 할머니를 보내고 슬프고 속상한 마음을 방 구석구석에 스며 있는 할머니의 향기로 달래고 계셨던 것입니다. 그런데 페로가 그 향기를 꽃향기로 날려버렸으니 얼마나 상심이 크셨겠습니까. 그렇다고 페로의 정성을 받아주지 않을 수도 없으니 그저 조용히 눈물을 흘릴 수밖에 없었던 것입니다. 이때에도 페로가 꽃 이벤트를 하기 전에 할아버지에게 물어봤으면 할아버지가 더 좋아했을 수도 있습니다.

나눔은 좋은 것이니까 주는 사람이 잘 준비해서 주면 될 것이라고 생각하기 쉽습니다. 게다가 힘들게 준비한 것이라면 더 받는 사람이 무조건 받아줘야 한다고 생각합니다. 그리고 감사해야 한다고 생각합니다. 하지만 주는 사람이 물어보지 않고 일방적으로 주는 것은 받는 사람에게는 일종의 폭력이 될 수도 있습니다.

물어보고 또 물어보고

"윌, 뭐 해드릴까요?"
"베개가 불편하네요."
"어떻게 하면 되죠?"
"내 머리 밑에 손을 넣어요. 목을 들고 천천히 들어요."
"알았어요."

– 영화 〈미 비포 유〉(2016) 중

전신마비 환자 윌의 간병을 맡은 루이자는 항상 질문을 합니다. 처음엔 무엇이 필요한지를 묻고, 그 다음엔 그것을 어떻게 하면 되는지를 묻고, 마지막으로는 원하는 대로 했는지를 묻습니다.

위 대화에서도 보면 먼저 "윌, 뭐 해드릴까요?" 하고 어떤 욕구가 있는지를 루이자가 묻습니다. 누군가 베개가 불편하다고 하면 사람들은 보통 바로 베개를 만져서 불편함을 없애주려고 합니다. 하지만 베개를 어떻게 해서 어떤 불편함을 조정해줘야 하는지는 받는 사람만 알고 있습니다.

그래서 루이자는 한 번 더 묻습니다. "어떻게 하면 되죠?" 만약 이 질문을 하지 않으면 월은 루이자가 하는 대로 따라갈 수밖에 없습니다. 만약 루이자가 해준 것이 만족스럽지 않더라도 더 이상 뭔가를 요구하기가 쉽지는 않습니다.

특히나 돌봐주는 사람이 고용된 간병인이 아니라 자원봉사자라면 더 미안해서 요청하지 못하게 됩니다. 또는 고용된 간병인이더라도 관계가 서먹서먹하면 아주 자세하게 요청하지 못하게 됩니다. 그래서 아주 구체적으로 물어봐야 합니다. 베개를 조정해준 뒤에 원하는 대로 됐는지를 물어보는 이유가 그것입니다.

나눔은 서로의 욕구를 물어보고 요청하는 것이 매우 중요합니다.

감정을
함께 나눠야
진짜다

"나도 같은 시간 6시에 일어나서 아무 동작 안 하고 꼼짝없이
누워 있어봤거든. 많이 괴롭더라. 외롭고. 그래도 외로워하지 마.
이 새소리를 너도 듣고 있겠구나, 했어. 옆방에서."

– 영화 〈시소〉 중에서

공감이란 무엇이며, 공감과 연민의 차이는 무엇일까요?
공감(Empathy)은 연대를 형성합니다. 반면, 연민(Sympathy)
은 단절을 심화시킵니다.

– 출처 〈https://www.youtube.com/watch?v=1Evwgu369Jw〉

길을 걷다가 구걸하는 사람을 만났을 때 공감하는 사람과 연민하는 사람의 행동은 다릅니다. 공감하는 사람은 어떻게든 그 사람을 구걸하는 상황에서 벗어나게 해주려고 노력합니다. 그것은 구걸하는 사람도 나와 다르지 않기 때문에 도와주면 지금의 상황을 벗어날 수 있다고 생각하는 것입니다.

하지만 연민하는 사람은 동전을 넣어주면서 '아이 불쌍해라.'라고 생각합니다. '아이 불쌍해라.'라는 생각 뒤에는 '나는 불쌍하지 않아서 다행이야.'라는 생각이 숨어 있습니다. 구걸하는 사람과 나는 다르다는 것을 강조합니다.

함께 비를 맞는다는 것

비 오는 날 우산을 쓰고 길을 걷는데 친구가 쓸쓸히 비를 맞고 있다면 여러분은 어떻게 하시겠습니까? 이때 우산을 씌워주며 비를 피하게 하는 것은 연민, 함께 비를 맞는 것은 공감에 비유해볼 수 있습니다. 우산을 씌워줄 경우 비를 맞는다는 문제는 해결해주지만 친구가 비를 맞고 있던 동안에 느꼈을 감정은 알 수가 없습니다. 공감은 그것을 함께 느끼려고 하는 것입니다. 그래야 혼자 외롭게 되지 않습니다.

감정은 나눔을 할 때 함께 나눠야 할 것 중 하나입니다. 상대의 감정을 모른 채로 내가 주고 싶은 것만 준다면 상대의 감정을 다치게 할 수 있습니다. 상대가 가지고 있는 마음의 상처에서부터 불편한 감정, 그리고 나눔을 받을 때 느끼는 감정까지 나눌 수 있는 감정은 많습니다. 하지만 감정을 나누는 것이 잘 되는 것은 아닙니다. 왜냐하면 우리가 감정에 대해 잘 모르기 때문입니다. 그리고 감정을 나누기보다 당장 눈에 보이는 문제를 나누려고만 하기 때문입니다.

상대가 가진 문제만 해결해주는 것이 아니라 감정까지 함께 나누려고 하는 것을 공감이라고 합니다. 상대가 가진 문제만 해결한다고 해서 모든 것이 해결되는 것은 아닙니다. 상대가 나와 다르니까 나와 같게 만들어준다고 해서 나와 똑같이 되는 것은 아닙니다. 나와 다름을 인정하고 상대의 원래 상태로 되돌리는 것이 더 좋은 해결방법일 수 있습니다.

그러기 위해서는 상대가 어떻게 느끼고 있는지를 알아야 합니다. 지금의 문제만 해결하는 것이 아니라 문제가 있는 동안 어떤 느낌을 받았고 그것으로 인해서 어떤 감정을 지니게

되었는지 알아야 합니다. 이런 감정을 나누지 않으면 감정은
여전히 문제를 감추고 있게 됩니다.

문제를 해결해주면서 상대가 불쌍하다는 감정을 느끼는 것
이 아니라 상대가 문제 때문에 느끼고 있었을 감정을 느껴보
려고 하는 것이 공감입니다.

나도 니 마음 알아

> 임재신 : 책 제목이 《5%의 기적》이었어요. 그러고 나서
> 절 생각하니까 저도 한 5%밖에 제 몸에서 온전하게 있는
> 곳이 없는 것 같더라고요. 그래서 제 남은 5%가 동우형의
> 빈 5%를 채울 수 있나 혹은 동우형의 95%를 내가 뺏어올
> 수 있나 그 두 가지를 놓고 고민을 많이 하다가 내 5%면
> 동우형이 100%가 될 수 있지 않을까 그렇게 한번 고민하
> 면서 출발했어요. 동우형을 바라볼 때.
>
> — 영화 〈시소〉(2016) 중

영화 〈시소〉에서 이동우 씨는 눈이 안 보이고, 임재신 씨는

눈은 보이지만 근육병이 있어서 온몸을 움직일 수 없습니다. 둘이 함께 제주도를 여행하면서 영화 내내 대화가 이어집니다. 서로가 가진 것과 갖지 못한 것에 대한 이야기입니다. 이동우 씨는 시력을 갖지 못했고 임재신 씨는 온전한 몸을 갖지 못했습니다. 그래서 서로를 부러워합니다. 하지만 반대로 서로 자신이 가진 것 때문에 미안해합니다. 이동우 씨는 온전한 몸을 가졌고 임재신 씨는 온전한 눈을 가졌습니다. 그러면서 서로에게 무엇을 줄 수 있을까를 고민합니다.

이동우 : 아침에 일찍 일어나도 혼자 누워서 너무 심심해하지 마라. 나도 같은 시간 6시에 일어나서 아무 동작 안 하고 꼼짝없이 누워 있어봤거든. 많이 괴롭더라, 외롭고. 그래도 외로워하지 마. 이 새소리를 너도 듣고 있겠구나, 했어. 옆방에서.

– 영화 〈시소〉 중

하지만 결국 물리적으로 줄 수 있는 것은 없었습니다. 다만 세상을 보는 눈을 서로에게 줄 수 있었습니다. 그것은 공감의

공감 共感

마음이 울적하고
먹구름이 잔뜩 낀 날
우산을 씌워주는 대신
같이 비를 맞아주는 것.

눈이었습니다. 각자 세상에서 가장 힘든 사람이라고 생각하며 살 수도 있었는데, 서로를 통해 세상을 바라보니 서로의 고민이 비슷하다는 것을 느끼며 이해하고 공감하게 되었습니다. 그것이 세상을 바라보는 눈입니다.

공감은 상대와 연대하려는 것입니다. 나는 이렇고 너는 이러니까 이해해달라가 아니라 너는 이렇겠구나 하면서 함께 느끼려고 하는 것입니다.

넌 외롭지 않아

공감을 생각하면 언제나 떠오르는 장면이 있습니다. 누군가 깊은 구덩이에 빠져, 저 아래서부터 소리칩니다.

"나 정말 꼼짝도 못 하겠어. 여기 정말 깜깜해. 어떻게 해야 할지 모르겠어."

그리고 우리는 그 소리를 듣고,

"거기 누구 있어요?"

하면서, 구덩이 아래로 내려갑니다.

그럼 이렇게 말할 수 있게 됩니다.

"나도 이 아래에 있는 게 어떤 기분인지 알아. 그리고 넌 여기서 혼자가 아니야."

반면, 연민의 경우 이렇게 말합니다.

"와, 여기 정말 끔찍하다. 그렇지? 음… 샌드위치 먹을 래?"

공감은 일종의 선택입니다. 공감을 할 때에는 때때로 자신의 약점을 노출시켜야 합니다. 왜냐하면 당신이 느끼고 있는 그 감정을, 내가 잘 알고 있는 내 안의 어떤 부분을 끄집어내 말해야 하기 때문입니다. 정말 공감에 기반을 둔 응답은

"그래도 너는 최소한 ○○하지는 않잖아?"

와 같은 형태는 아니라는 말입니다.

사실 우리는 일상생활에서 흔히 그런 말을 합니다. 누군가가 정말 고통스런 삶의 이야기를 나눠주었을 때, 우리는 가끔 '쥐구멍에도 볕들 날이 있다'고 위로해주곤 합니다. 긍정적으로 생각하라고 말입니다. 예를 들어서 누군가 유산을 했다고 말하면, "어, 적어도 불임은 아닌 거잖아." 또는 결혼생활이 파국 직전이라는 말을 듣고는 "그래

도 결혼을 한 게 어디야."
라고 대답합니다.

– 출처 : https://www.youtube.com/watch?v=1Evwgu369Jw

구덩이에 빠진 사람에게 사다리를 주면서 올라오라고 하는 것은 문제만 해결해주는 것입니다. 구덩이에 빠졌을 때 느꼈을 감정은 전혀 공감해주지 못하는 것입니다. 그러면서 위에서 구덩이에 있는 사람의 감정을 추측해서 생각해버립니다. 그 사람이 느꼈을 감정을 모르기 때문에 엉뚱한 욕구만 채워주려고 하고 엉뚱한 감정만 건드립니다.

또한 문제해결에만 집중하기 때문에 전혀 상관없는 해결방법을 제시하기도 합니다. 유산을 한 사람에게 불임은 아니라고 말한다거나 이혼 직전인 사람에게 결혼은 해봤지 않았냐고 위로를 하는 식입니다. 문제는 해결이 될지 모르지만 상대방감정의 본질을 벗어나는 말들을 하는 것입니다. 그럴 때는 오히려 이렇게 말하는 것이 좋습니다.

우리는 종종 정말 어려운 대화를 할 때, 말 몇 마디로 상황을 좀 낫게 만들어보려고 합니다. 그런데 만일 내가 여러분께 정말 어려운 어떤 이야기를 털어놓았다면, 여러분이 차라리 이렇게 말해줬으면 좋겠습니다.

"무슨 말을 해주어야 할지 모르겠어. 하지만 나에게 이 이야기를 해줘서 고마워."

왜냐면 사실, 말 몇 마디로 상황이 나아지는 경우는 거의 없기 때문입니다. 상황을 진척시키고 좋게 만드는 것은 상대방에게 반응하는 것이며, 서로가 서로에게 연결되는 것입니다.

– 출처 : https://www.youtube.com/watch?v=1Evwgu369Uw

중요한 것은 문제해결이 아니라 난 당신과 연결하려고 노력하고 있다는 점을 알려주는 것입니다. 공감하려고 노력하는 모습을 보여주는 것입니다. 그런데 우리는 실제 생활에서 다음과 같은 말을 너무나도 많이 합니다.

여자친구 : 자기야, 자동차에 시동이 안 걸려.
남자친구 : 배터리 나간 거 아니야? 라이트는 들어와?

여자친구 : 어제까지 제대로 됐는데 왜 갑자기 시동이 안 걸리지?

남자친구 : 그러니까 라이트는 켜지냐고.

여자친구 : 나 약속 있어서 지금 차 없음 안 되는데….

남자친구 : 아, 그러니까 자동차 배터리 나간 걸 수도 있으니까 확인해보라고!

여자친구 : 지금 나한테 화내는 거야? 내가 뭘 잘못했는데?

남자친구 : 잘못한 거 없으니까 어서 해봐.

여자친구 : 뭘?

남자친구 : 배터리 켜보라고!

여자친구 : 오빠, 지금 나한테 화내는 거지? 지금 차가 중요해?

– tvN 〈코미디빅리그, 오지라퍼〉 중

여자친구는 남자친구에게 자동차를 고쳐달라는 것이 아닙니다. 그 문제 때문에 내 감정이 힘드니 공감해달라는 것입니다. 하지만 남자친구는 여자친구가 가지고 있는 자동차 문제를 해결해주고 싶은 것입니다. 그래서 계속 배터리를 확인해

보라고만 합니다. 하지만 여자친구는 자신이 자동차를 고칠 수 있다는 생각을 한 적이 없기 때문에 그 이야기는 귀에 들어오지 않습니다. 둘이 전혀 다른 욕구를 가지고 있는 것입니다.

단지 마음을 알아주면 되는 것을

아이들이 학교에서 뭔가 문제가 생긴 상황에서 집에 왔을 때 엄마들은 어떤 말을 해줘야 하는 걸까요?

"어휴, 기껏 학교 보내놨더니 바보같이 그런 일이나 당하고 말이야. 너 가만히 있었어?"

"그런 일은 너만 할 때 다 겪을 수 있는 일이야. 별거 아니야."

"네가 평소에 어떻게 보였기에 그러니? 네가 분명히 잘못한 게 있으니까 그러지."

"아니 도대체 우리 아들 얼굴을 누가, 어떤 놈이 이렇게 만들었어. 학교 다 확 엎어버릴 거야, 그냥."

"내가 이런 일이나 당하자고 배 아파 널 낳은 줄 아니? 동네 창피해서 고개를 들고 다닐 수가 없어. 너 때문에 속상해 미치겠다, 정말."

– MBC 〈10대 감정보고서, 위기의 아이들〉(2012년 3월 23일) 중

MBC 10대 감정보고서에 나온, 엄마들이 아이들에게 공감한다고 하면서 가장 많이 하는 말이라고 합니다. 대부분 아이의 감정을 알아주는 말이 아니라 엄마의 감정을 드러내는 말들입니다. 이런 말을 들은 아이들은 엄마를 믿을 수가 없습니다. 자신의 감정을 제대로 알아주지 않기 때문입니다. 엄마가 자신의 문제를 해결해줘도 여전히 불안한 것은 마찬가지입니다. 자신의 감정이 해결되지 않았기 때문입니다.

"그렇구나, 혼자 많이 힘들었지? 지금이라도 엄마한테 얘기해줘서 너무너무 고마워."
"그래, 네가 이야기하고 싶을 때 그때 천천히 얘기해줘도 돼."
"너한테 문제가 있어서 따돌림 당한 거 아니야. 너무 자책하지 마. 걔네들이 잘못한 거야, 알았어?"

"음, 네가 원하는 게 뭔지 잘 알겠다. 내일 담임선생님께
말씀드리고 같이 해결해보자."

- MBC 〈10대 감정보고서, 위기의 아이들〉 중

아이들이 힘들 때 부모에게 원하는 말은 무엇이 잘못됐고
무엇이 잘됐는지가 아닙니다. 무엇을 해결해주겠다는 말도 아
닙니다. 단지 내 마음이 이렇게 힘들다는 것을 알아줬으면 하
는 것입니다.

4 장

나눔이 있는
삶의 발견

부족해도
나누면
행복하다

"이익은 상대를 이용함으로써 생기는 것이 아니라
서로의 문제를 이해하고 서로의 욕구를
충족시켜줌으로써 얻어지는 효율의 대가다."
- 이본 쉬나드(파타고니아 설립자)

"많이 가졌으니 나누는 것인가, 나누다 보니 많이 가질 필
요가 없어지는 것인가?"

나눔 하면 떠오르는 것이 가진 것을 나누는 것입니다. 그래
서 가지지 못하면 나눌 수 없다고 생각하는 사람이 많습니다.
어떤 사람은 나누기 위해 더 많이 가지려는 사람도 있습니다.

또 어떤 이들은 자신이 가진 것을 가지지 못한 사람에게 나

누려 합니다. 그렇다면 가진 사람과 가지지 못한 사람은 어떻게 해서 생기나요? 결국 일정한 자본 중에 누군가 더 가지면 누군가는 덜 가질 수밖에 없는 것 아닐까요?

정승처럼 벌고 쓰기

이런 속담이 있습니다.

"개처럼 벌어서 정승처럼 써라."

본래 의미는 개처럼 열심히 일해서 정승처럼 좋은 곳에 쓰라는 좋은 뜻입니다. 하지만 나눔의 영역에서는 그 뜻이 좀 달라집니다. 개처럼 버는 동안 주위는 개판이 되고 그 개판을 복구하기 위해 정승인 것처럼 돈을 쓰는 것을 말합니다. 그것은 결국 자신이 만든 문제를 자신이 해결하는 것일 뿐입니다.

예를 들면 사채를 통해서 높은 금리로 폭리를 취해 많은 사람들이 피눈물을 흘리게 만든 사람이 그 돈의 일부를 대학생들에게 장학금으로 주는 경우입니다. 개처럼 벌어서 정승처럼은 쓰지만 진짜 정승이 되지는 못합니다. 자신의 이미지만을 높이기 위해 나눔을 하는 것입니다.

미국 축산업의 중심지 버몬트. 버몬트가 자랑하는 유명한 유기농 아이스크림 회사가 있습니다. 미국 시사주간지 〈타임〉으로부터 세계 최고라는 찬사를 받은 아이스크림. 여기에는 맛 외에 소비자를 사로잡는 또 다른 매력이 있습니다. 바로 기업의 이익을 지역공동체와 함께 나누는 독특한 사업방식입니다.

"버몬트 주는 낙농업이 발달해서 이곳의 많은 낙농업자들이 벤앤제리에 우유를 납품하고 있습니다. 대부분의 아이스크림이 이곳 버몬트 주에서 만들어지는 것으로 알고 있습니다. 여기 출신이면 다들 알고 있습니다."(앤토니 시비다, 손님)

"기업의 많은 이익을 사회에 환원하고 있고 100% 공정거래 제품을 만드는 것이 목표라고 알고 있습니다."(애런 맥켄타이어, 손님)

미국 내 프리미엄 아이스크림 매출 1위. 벤앤제리 창업자는 1960, 70년대 반체제 운동가이기도 했던 벤 코헨과 제리 그린필드입니다. 30여 년 전 벤과 제리가 허름한 주유소에서 시작한 회사가 이제는 세계 곳곳으로 진출해 있습니다. 벤과 제리는 창업 당시부터 기업의 사회적 책임을 핵심적인 사명으로 내세웠습니다.(사업을 통해 진보적 가치를 선도한다.)

"사업 초창기에 벤앤제리가 했던 질문은 어떻게 하면 이 사업을 통해 최대한의 사회적 혜택을 줄 수 있는지였습니다. 벤앤제리는 아이스크림 원료를 구입하는 데 수억 달러에 달하는 지출을 하고 있습니다. 이런 구매력을 통해 사회적 혜택을 창출한다면 단순히 수익의 일부를 기부하는 것보다 더 큰 영향을 미칠 수 있습니다."(앤디 바커, 벤앤제리 사회공헌팀장)

회사는 아이스크림 원료인 우유를 버몬트 지역 낙농가에서 가져옵니다. 우유에 정당한 가격을 지불함으로써 농가는 안정적으로 생계를 유지하고 회사는 질 높은 우유를 공급받을 수 있죠. 또 지역의 일자리를 만들고 수익금 일부는 사회에 기부합니다. 이런 사업방식은 소비자들에게 큰 호응을 얻고 있습니다. 사람들은 기꺼이 벤앤제리 제품을 구매하려고 합니다.

"소비자들은 벤앤제리만의 맛을 좋아하는 것입니다. 기업

이 지향하는 바가 자신과 같다는 것과 모두가 원하는 세
상을 만들려는 의지를 알고 있기 때문에 다른 아이스크림
을 사지는 않을 것입니다."(앤디 바커, 벤앤제리 사회공헌팀
장)

- KBS 〈사회적 자본 3부 : 호모 에코노미쿠스의 변신, 협력〉(2011년 12월 1일) 중

미국의 유명한 아이스크림 회사인 벤앤제리를 만든 벤 코
헨과 제리 그린필드는 남달랐습니다. 회사를 만든 목적부터
자신들이 수익을 많이 내서 많이 가지는 것이 아니라 사회에
서 받은 혜택을 되돌려주는 것이었습니다. 그것을 사회적 책
임으로 느끼고, 개처럼 벌기보다는 정승처럼 버는 것을 선택
했습니다.

그렇게 해서 버몬트 주에 사는 낙농업자들과 노동자들에게
회사의 수익을 많이 남겨서 나누는 것이 아니라 적게 벌더라
도 함께 살아갈 수 있는 구조를 만들었습니다.

만약 벤앤제리가 수익을 많이 내려고 했다면 지역의 비싼
우유를 공급받기보다는 값싼 외국의 우유를 공급받았을 것이
고, 지역의 노동자를 높은 임금을 주고 고용하기보다는 외국

의 저임금 노동자를 고용했을 것입니다.

개인의 소유를 극대화하는 것은 결국 누군가의 소유를 극소화하는 것이 됩니다. 그로 인해 발생하는 여러 가지 사회적인 문제를 해결하기 위해 나누는 것도 필요하지만, 그 이전에 대부분의 사람들이 적당히 소유할 수 있게 하는 것이 더 바람직한 방향이 아닐까 생각합니다.

문제 너머에
있는 존재를
느껴보라

"너는 문제에 초점을 맞추고 있어.
문제에 초점을 맞추면 해결책을 볼 수 없어.
절대로 문제에 초점을 맞추지 마. 나를 봐!"
－영화 〈패치 아담스〉 중에서

"손가락 답이 뭐죠?"

"너는 항상 정답을 아는 똑똑하고 젊은 사람이지, 맞지?
현실에 온 걸 환영한다. 몇 개로 보여?"

"손가락이 네 개 있어요, 아더."

"아니, 아니, 아니. 나를 봐. 너는 문제에 초점을 맞추고
있어. 문제에 초점을 맞추면 해결책을 볼 수 없어. 절대로

문제에 초점을 맞추지 마. 나를 봐! 몇 개로 보여? 아니,
손가락을 지나서 봐. 몇 개로 보여?"

"여덟 개요."

"여덟 개, 여덟 개. 맞아! 맞아! 여덟 개는 좋은 답이야. 다
른 이들이 못 보는 걸 봐. 모든 이들이 보기 원하지 않는
걸 봐."

– 영화 〈패치 아담스〉(1999) 중

헌터 아담스는 자신의 상황을 비관해 자살을 시도했다가
미수로 끝나고 스스로 정신병원에 갑니다. 삶의 방향을 잃고
방황하던 그는 그곳에서 역시 스스로 정신병원에 들어온 아더
멘델슨이라는 천재 사업가를 만납니다.

아더 멘델슨은 만나는 사람마다 붙잡고 손가락 네 개를 펴
보이며 몇 개냐고 묻습니다. 네 개라고 대답하면 천치라고 말
하고 갑니다.

손가락이 아닌 손가락 너머를 보라

하루는 헌터 아담스가 그를 찾아가 손가락 답이 뭐냐고 묻습니다. 이때 아더 멘델슨은 손가락을 보지 말고 손가락 너머에 있는 자신을 보라고 합니다. 손가락 너머를 보니 초점이 흐려져 여덟 개로 보여 그렇게 대답했더니 답을 맞혔다며 다른 이들이 못 보는 것을 보라고 합니다.

헌터 아담스는 자신의 어려운 상황을 극복하려고 노력했지만 극복하지 못하고 비관해 자살을 시도했었습니다. 결국 자신의 문제 때문에 자신이라는 존재는 보지 못했습니다. 문제 너머에 있는 소중한 존재를 보지 못한 것입니다.

문제에만 집중하면 존재가 보이지 않고 문제만 보입니다. 정작 존재가 원하는 것이 무엇인지를 보기보다, 존재가 가지고 있는 문제가 무엇이고 그것을 내가 어떻게 해결해줄 수 있을지를 생각하게 됩니다. 만약 내가 해결해줄 수 없는 문제라면 아예 그 존재와의 만남 자체를 거부할 수밖에 없습니다. 또는 문제를 해결해주기 위해 노력했는데 문제가 해결이 안 되면 존재와의 만남도 거부하게 됩니다.

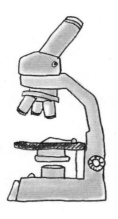

문제에만 집중하면
존재가 보이지 않고 문제만
보입니다. 존재가 원하는 것이
무엇인지를 보기보다, 존재가
가지고 있는 문제가 무엇이고
그것을 내가 어떻게 해결해줄
수 있는지를 생각하게 됩니다.

개개인의 욕구를 알아채기

수해를 당한 사람들에게 구호물품만 준다고 해서 그들의 문제가 다 해결되는 것은 아닙니다. 혼자 사는 노인들에게 반찬만 해다 드린다고 해서 그분들의 문제가 다 해결되는 것도 아닙니다. 물질적인 나눔으로 해결되는 부분도 분명히 있지만 그 존재 자체가 가지고 있는 어려움이나 고민들도 있는 것입니다.

그것은 '수해를 입은 사람들', '혼자 사는 노인들'과 같이 개별적인 존재를 일반화된 존재로 인식하는 것에서 비롯되는 오류입니다. 개별적인 존재로서 지니는 욕구가 있는데 그것을 보려고 하기보다는 일반화된 존재로서 지닌 욕구만 보려고 하는 것입니다.

실제로 개별적인 존재는 외로워서 나누러 갔는데, 정작 가서는 외로움보다는 눈에 보이는 일반적인 존재로서의 문제들만 해결되어 오는 경우가 많습니다. 개별적인 존재에 집중하기보다는 일반적인 존재의 문제에만 집중하기 때문에 이런 일들이 벌어집니다. 하나의 '존재'로 보고 접근하면 그 존재가 필

요로 하는 것을 해주게 되지만 일로 접근하면 일을 잘한다고
평가받을 만한 것을 해주게 됩니다.

수업이 아닌 존재를 만나는 교실

"학교에 왜 오는지 써봅시다."

3월 2일 아이들과의 첫 만남에서 물어보는 것입니다. 아이
들은 학교에 왜 올까요? 아이들은 태어나서 처음 듣는 질문에
당황합니다. 하지만 곧 자신이 왜 학교에 오는지를 정확히 말
합니다. 여러 가지 대답이 있지만 대부분은 친구들과 만나러
학교에 옵니다. 선생님을 만나러 오는 아이들도 있습니다. 공
부를 하러 오거나 갈 곳이 없어서 오는 아이들도 있지만 소수
에 지나지 않습니다.

그렇다면 선생님은 학교에 왜 갈까요? 선생님들 대부분은
아이들을 만나러 갑니다. 하지만 가끔 수업하러 가는 선생님
들도 있습니다. 아이들을 만나러 가는 것과 수업하러 가는 것
은 얼핏 보면 같아 보이지만 엄밀하게 따지면 전혀 목적이 다
릅니다. 아이들을 만나러 가는 것은 아이들 하나하나의 존재

를 만나고 아이들과 삶을 함께하러 가는 것이지만, 수업하러 가는 것은 아이들 개개인의 존재를 만나기 위해서가 아니라 아이들에게 필요한 문제를 해결해주기 위해 가는 것입니다.

아이들은 친구와 선생님을 만나러 가는데 선생님은 아이들을 만나러 가는 게 아니라 수업을 하러 간다면 어떤 일이 벌어질까요? 아이들은 수업 시간이나 쉬는 시간에 선생님과 대화를 하고 싶어 하는데 선생님은 수업만 하거나 수업준비만 하느라 아이들과 얼굴 한번 마주하기가 힘듭니다. 오히려 컴퓨터와 마주하는 시간이 더 많습니다.

마을 안에서 존재감을 느끼는 순간

일본의 핸즈온(http://www.hands-on-s.org)이라는 비영리 법인은 해마다 마을의 초등학교에 입학하는 아이들을 위해서 입학식장 앞에서 폴라로이드 사진을 찍어주며 입학을 축하해주는 행사를 합니다.

아이의 존재를 집에서만 인정하는 것이 아니라 마을에서도 인정하고 축하해주는 것입니다. 이를 통해 아이가 마을 안에서 존재감을 느끼도록 합니다. 아이는 뛰어나다거나 뭔가를 잘해서 축하받는 것이 아니라, 마을의 구성원으로서 학교에 입학하는 것을 축하받습니다. 존재 자체로 축하받는 경험을 하는 것입니다.

아이들은 이러한 경험을 하면서 마을에서 자라는 동안 마을사람이라는, 다시 말해 마을의 한 구성원이라는 생각을 하게 됩니다.

다양한 경험을
나누는
시대

"이들도 다른 3명에게 해주는 거예요. 그럼 9명이죠.
전 3명을 또 돕고… 그럼 27명이죠.
전 계산은 잘 못하지만 굉장히 빨리 불어나요."
– 영화〈아름다운 세상을 위하여〉중에서

우리는 서울대 심리학과 곽금주 교수팀과 공동으로 소비
와 행복 간의 상관관계에 대해 조사했습니다. (참여대상 :
초등학교 3~4학년 110명, 행복척도 : the Oxford Happiness
Questionnaire-Short) 먼저 초등학생 110명에게 행복도 조
사를 했습니다. 그중 평균점수(30.7점)를 받은 아이들 12명
을 뽑았습니다. 6명씩 두 팀으로 나눴습니다. 우리는 똑같

은 예산으로 다른 소비를 하게 할 것입니다. 두 팀에게 주어진 돈은 똑같이 한 명당 5만 원. 먼저 A팀은 5만 원으로 사고 싶은 물건을 사게 했습니다. 한편 강화도로 여행을 간 B팀은 무엇을 했을까요? 같은 돈 5만 원으로 아주 다양한 체험을 했군요. 이제 두 팀의 아이들에게 똑같이 물었습니다. 자, 이 기분이 언제까지 갈 것 같으냐고.

A팀

- 일주일? 한 달? 많이요.

- 평생 기억에 남을 거 같아요.

- 이거 다 잃어버릴 때까지 기분 좋을 거 같은데요.

B팀

- 오래갈 것 같은데.

- 두 달쯤 갈 거 같아요.

- 석 달 정도?

- 죽을 때까지.

반응이 비슷하군요. 이제 3주 후 어떻게 달라졌을까요? 아이들을 다시 불러 행복도와 만족도를 측정했습니다. 먼저 행복도를 비교해봤더니 강화도로 갔던 B팀의 행복

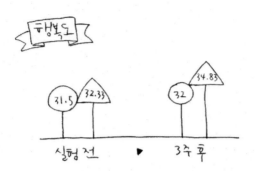

그림 4 소비 유형에 따른 행복도 변화

도가 더 높아 심리학적으로 유의미한 결과가 나왔습니다. 만족도 역시 B팀이 더 높게 나왔습니다.

"물질에 대해서 우리가 돈을 쓰는 소비보다는 내 삶을 풍요롭게 하는 삶의 경험에 투자하는 것이 훨씬 더 오래 기억되고 훨씬 더 그 행복감도 지속된다." (곽금주, 서울대 심리학과 교수)

– EBS 〈자본주의 2부 : 소비는 자본이다〉(2012년 9월 25일) 중

행복을 위해 의식주를 나누던 시대를 지나 지금은 다양한 경험을 나누는 시대가 되었습니다. 그만큼 행복에 대한 기준이 달라졌다는 뜻입니다. 더 이상 의식주만 해결된다고 해서 사람의 삶이 행복해지지 않습니다. 행복하기 위해서는 먹고사는 것뿐만 아니라 다양한 경험도 할 수 있어야 합니다. 그런데 나누려고 하는 사람들 중에는 아직도 물질적인 것으로만 나눔을 제한하려고 하는 이들이 많습니다. 하지만 이런 경우 받는 사람 입장에서는 만족스럽지 못할 때가 많습니다.

같은 경험을 하면 공감대가 생긴다

월요일 아침이 되면 아이들은 학교에서 주말 동안에 있었던 일로 이야기꽃을 피웁니다. 가족들과 놀이공원에 다녀온 이야기, 가족들과 차를 타고 여행을 다녀온 이야기, 극장에서 영화 본 이야기 등 아이들은 주말 동안 경험한 것들을 나누느라 정신이 없습니다.

하지만 몇몇 아이들은 이야기에 끼지 못하고 혼자 멍하니 앉아 있습니다. 부모님이 일하시느라 너무 바빠 어디를 갈 엄두를 못 내기도 하고, 부모님이 안 계셔서 함께 어디를 다녀올 기회조차 없는 아이들도 있습니다. 분명 먹을 것에 대한 걱정은 없지만 항상 어딘가 행복하지 않은 구석이 있습니다.

앞의 실험에서도 드러난 것처럼 물질을 소비함으로써 느끼는 행복감이나 만족감은 오래가지 않습니다. 경험을 소비함으로써 느끼는 행복감이나 만족감이 더 오래갑니다. 그것은 혼자 경험하는 것이 아니라 누군가와 함께 경험하기 때문입니다.

최근에 늘어나고 있는 나눔이 바로 경험에 대한 나눔입니다. 개인으로서는 할 수 없는 경험이나 경제적으로 어려워서 할 수 없는 경험을 할 수 있게 해주는 것입니다.

대표적인 것이 문화나눔과 여행나눔입니다. 경제적으로 어려워 영화관이나 뮤지컬극장을 가본 적이 없는 사람들에게 영화나 뮤지컬을 관람할 수 있는 기회를 주기도 하고, 부모님이 너무 바쁘거나 안 계셔서 여행을 갈 수 없는 아이들에게 여행의 기회를 주기도 하며, 장애가 있는 친구들과 함께 바다를 보러 가거나 그들에게 등산을 할 수 있는 기회를 주기도 합니다.

과거 의식주를 해결해주는 것이 큰 나눔이었던 시대에는

상상도 할 수 없는 일입니다. 경험나눔을 통해 먹고사는 것만 으로는 느낄 수 없었던 행복감과 만족감을 얻을 수 있습니다. 또한 같은 경험을 한 사람들과 공감대가 형성되어 사회구성원의 일원이라는 생각이 더 커져서 자신도 사회에서 뭔가 할 수 있는 사람이라는 생각을 갖게 됩니다.

서로 돕는 경험을 나눈다면

"이게 저예요. 그리고 3명이 있고. 전 그들을 돕죠. 아주 큰 도움을 줘야 해요. 이들 스스로 할 수 없는 걸 제가 대신 해주죠. 이들도 다른 3명에게 해주는 거예요. 그럼 9명이죠. 전 3명을 또 돕고… 그럼 27명이죠. 전 계산은 잘 못하지만 굉장히 빨리 불어나요."

– 영화 〈아름다운 세상을 위하여〉 중

트레버는 학교에서 사회 선생님이 내준 숙제 '세상을 바꿀 아이디어를 한번 내봐라'에 대하여 위와 같은 프로젝트를 발표합니다.

세상 사람들이 3명씩만 도우면 세상 모든 사람들이 도움을 주고받을 수 있다는 생각입니다. 서로 돕는 경험을 나눈다면 세상이 좀 더 아름다워질 수 있다고 믿는 것입니다. 일방적으로 주거나 받고 끝나는 것이 아니라 주기도 하고 받기도 하면서 세상을 아름답게 만들어 나가자는 것입니다. 교과서에서 배운 내용을 시험 볼 때만 써먹는 것이 아니라 실제 생활 속에서 사람들과 나누면서 적용해보자는 것입니다.

지역사회에
변화를 일으키는
나눔의 경험

"주변 분들께 폐를 끼치면서까지 우동을 만드는 건 내가
원하는 일이 아냐." 그들은 그제야 겨우 알아차리게 됐습니다.
새로운 무엇을 일으킨다는 건 전에 있던 무언가를 부순다는 것임을.
– 영화 〈우동〉 중에서

미국에서는 자원봉사라는 것이 일상화되어 있습니다. 특히
나 자원봉사 영역을 제한하기보다는 다양한 영역으로 확대하
고 있는 추세입니다. 제한된 주제와 기관으로 자원봉사를 한
정짓는 우리나라와는 달리 지역사회의 문제를 발견하고 해결
하는 과정 자체를 자원봉사의 영역으로 보고 있습니다. '자원
봉사교육(Service based learning)'이라는 교육과정도 개발해서

학교에서 충분히 자원봉사를 배우고 경험하도록 지원을 아끼지 않습니다.

지역의 문제를 당사자들에게서 듣다

미국 그랜드래피즈(Grand Rapids, 중북부지역)에 있는 청소년기금위원회(Youth Grant Committee)는 예산 관련 활동을 하는 리더십 단체입니다. 이 단체는 먼저 지역에서 청소년들을 30여 명 정도 뽑아 지역의 비영리 재단들이 신청한 예산을 어떻게 사용할 것인지 청소년 대상으로 욕구조사를 합니다. 그리고 그에 따라 조사와 토론과 인터뷰 등을 해서 캘로그 재단에서 후원받은 4만 달러를 어떻게 사용할 것인지 결정하고 실제로 집행 및 활동을 합니다. 겉으로는 예산 지원만 하는 단체 같지만 속으로는 지역의 문제를 조사하고 그 문제를 어떻게 풀면 좋을지를 당사자들에게 물어보면서 해결방법을 찾는 활동을 합니다.

또한 어른들은 어떠한 간섭도 하지 않습니다. 순전히 청소년들만의 결정으로 활동이 이뤄집니다. 이를 통해 아이들이 지역의 올바른 시민으로 자라도록 돕는 역할을 하고 있습니다. 지역에서의 활동 경험이 성인이 된 후 지역에서의 활동으로 자연스럽게 이어지는 연결고리가 됩니다.

물론 캘로그 재단의 든든한 예산 지원이 있기에 가능한 일이긴 하지만 우리나라에서도 지자체의 한정된 예산을 가지고도 해볼 수 있는 사례라는 생각이 듭니다.

물론 국내에도 비슷한 사례는 있습니다.

'냄새나지 않는 쓰레기통을 만들어주세요', '시장님과 학생들이 정기적으로 만나는 날을 운영해주세요' 청소년들의 눈높이에서 희망하는 예산사업들이다.

안양시(시장 이필운)가 주민참여예산제의 일환으로 지난 8일(시청 회의실) 마련한 청소년 참여예산 제안발표회에서는 톡톡 튀는 아이디어 예산사업들이 발표돼 관계인들의 눈길을 모았다.

안양YWCA 주민참여예산학교가 주관하고 안양시가 주최한 이날 제안발표회에서는 제안자로 나선 관내 7개 초·중·고등학교 학생을 비롯한 1백여 명 인사가 참여해 청소년들의 눈높이에서 바라본 다양한 사업제안이 이뤄졌다.

제안발표회에서는 앞서 밝힌 것 말고도 레고 조립행사 개최, 학교 후문 쪽 지하도 난간 설치, 주택가 보안등 설치, 청소년에게 대중교통비 지원, 청소년진로체험관 신설, 청소년 장터 운영, 자전거도로 확대 등의 의견이 발표됐다.

이 자리에 참석한 이진호 부시장은 "이날 발표된 제안들은 더 좋은 청소년 환경을 조성하는 데 도움이 될 것"이라며 "청소년 정책과 사업에 대한 충분한 검토를 거쳐 향후 예산편성 과정에서 반영하겠다"고 전했다.

한편 주민참여예산제는 예산편성 과정에서 지역민들의 다양한 의견을 수렴함으로써 지방재정의 투명성을 확보하고 참여행정을 실현한다는 데 의미를 두고 있다.

— 출처 : 안양시청 보도자료, 2016

시에서 주민참여예산제를 운영하는 곳은 많지만 그것을 청소년에게 개방하고 참여시키는 곳은 별로 없습니다. 안양시에서는 그것을 시도하고 있습니다. 하지만 단지 예산을 어떻게 쓸 것인지에 대한 논의만 하지 청소년들이 직접 집행을 할 수 없다는 점은 아쉽습니다. 청소년들이 마을의 예산을 막연하게 정하고 끝나는 것이 아니라 직접 예산 집행도 하면서 마을의 문제를 해결해보게 할 수도 있습니다. 이처럼 청소년도 주민으로서 다양한 경험을 나눌 수 있는 기회가 필요합니다.

경험은 세상의 변화로 이어진다

지금으로부터 2년 전 서울 수송초 6학년 8반이었던 박 양은 비 내리는 날 중앙박물관에 체험학습을 온 아이들이 축축한 야외계단에 쭈그려 앉아 도시락을 먹는 모습을 보고 충격을 받았다. 중앙박물관엔 실내에서 도시락을 먹을 장소가 없었다. 아이들은 젖은 계단을 피해 도시락을 들고 박물관 푸드코트나 카페를 떠돌다가 점원의 제지로 쫓겨나기도 했다. 박 양은 "국립중앙박물관은 공공도서관이고 아이들이 주로 이용하는 곳인데 정작 이 장소의 주인인 아이들이 마음 편히 도시락을 먹을 장소조차 없다는 것은 큰 문제"라고 생각했다.

이에 박 양은 그해 같은 반 친구인 유진, 수미, 태정, 경태, 규연이 등 5명과 함께 '솔루션'이란 단체를 만들고 '국립중앙박물관에서 도시락 편하게 먹기' 운동을 활발하게 펼쳤다. 다른 박물관의 사례를 연구하고 직접 박물관장에게 "도시락 먹을 수 있는 공간을 만들어 달라"는 내용의 편지를 썼다. 국립중앙박물관은 그해 아이들이 도시락을 먹을 수 있도록 '도란도란 도시락 쉼터'를 만들고 점심시간 2시간 동안 교육동 휴게공간을 개방하기로 했다. 큰 성과였다.

(중략)

배 교사는 "과거에 비해 학생들이 입시를 위해 다양한 사회참여 경험을 할 기회 자체가 늘었다"며 "하지만 꾸준히 자신이 한 가지 목표를 세워 몇 년이고 끝까지 추진해나가는 경험은 사회뿐 아니라 학생 스스로에게도 큰 자산이 될 것"이라고 말했다.

– 출처 : 경향신문(2014년 4월 1일), 김지원 기자

배성호 선생님과 반 아이들은 경험을 통해 생활 속에서 느

낀 불편한 점들을 그냥 지나쳐버리지 않고 함께 고치기 위해 노력합니다. 단지 선생님 혼자 주도하고 아이들은 따라만 가는 것이 아니라 아이들이 주체가 되고 선생님은 도와만 주는 방식으로 문제를 해결합니다.

선생님은 아이들이 교과서에서 배운 것들을 실제로 생활 속에서 적용해볼 수 있는 기회를 만들어주고 있습니다. 처음 시작은 박물관 도시락 쉼터 만들기로 했지만 이후 동네 안전 지도 만들기, 학교 앞 횡단보도 만들기, 학교 교문 디자인 등 다양한 시도들을 하고 있습니다.

경험을 함께하는 것으로 끝내는 것이 아니라, 경험을 바탕으로 불편한 것들도 고치고 필요한 것이 있으면 만들어서 세상을 변화시킬 수 있다는 생각을 나누는 것이 중요합니다. 경험이 경험으로 끝나는 것이 아니라 세상의 변화로 이어지는 것입니다. 그것이 나눔의 힘입니다.

경험은
함께했다고 해서
끝나는 것이 아니라,
경험을 통해 불편한 것들도 고치고
필요한 것이 있으면 만들어서 세상을
변화시킬 수 있다는 생각을 나누는 것이 중요
합니다. 경험이 경험으로 끝나는 것이 아니라
세상의 변화로 이어지는 것입니다. 그것이
'나눔의 힘'입니다.

삶을
함께하는
관계 만들기

"별은 사라지고 별빛만 남아 있는 거야.
하지만 그건 중요하지 않아. 작은 별의 빛은 계속해서
여행을 할 테니까. 계속 여행을 해서 영원히 존재할 거야."
– 영화 〈브로큰 서클〉 중에서

"대단히 감사합니다. 안녕하세요. 이 상품을 구상하던 그
때부터, 우리는 다른 부모와 마찬가지로 우리 애들을 잃
을까 봐 아주 두려웠습니다. 우린 아이들을 우리 곁에 두
고 안전하게 지켜주기 위해 모든 것을 다 하죠. 하지만 때
때로 아이들은 사라집니다. 쇼핑몰이나 공항에서 일어나
는 일이죠. 아시다시피… 진실은 잃어버리는 게 항상 아

이들만은 아니란 거죠. 때때로 우리들도… 어른인 우리 부모들도요. 이건 확실히 제게는 사실입니다.

아시겠지만, 저는 중과실로 실형을 받았습니다. 제가 만든 제품 때문에요. 제 말은, 모두 아실 겁니다. 하지만 제가 중과실로 유죄를 받은 건 바로 아빠로서였던 겁니다. 그리고 지금 여기에 여러분들께 또 다른 로버트 액슬 제품을 드리기 위해 왔습니다. 제가 조합한 최신 제품을요. 제가 틀리지 않았으면 좋겠네요.

와치독은 좋은 제품입니다. 용도에 맞게 동작합니다. 많은 분들이 좋아하실 겁니다. 하지만 이건 응급처방일 뿐입니다. 제 딸과 제가 단절된 문제를 해결할 수 없습니다. 또는 우리 중 누가 됐건 자식과 단절된 문제도요. 우리 아이들의 주의를 빼앗아서 공에서 눈을 떼고 좀 편하게 있게 해줄 장난감 말입니다. 우린 우리 아이들과 연결될 방법을 배워야 합니다. 이딴 게 필요한 게 아니고요. 또 우리가 최고의 부모가 되는 것으로부터 우리의 주의를 빼앗아 가기 위해 사용할 다른 수천 가지의 제품 따위도 필요 없고요.

왜냐면 이건… 이건 제게는 더 이상 답이 아니니까요."

요즘 부모들은 아이들에게 별다른 생각 없이 장난감을 많이 사줍니다. 특히 어릴 적 막무가내로 울어버리면 어찌할 줄 몰라 하며 아이가 좋아하는 것을 손에 쥐어줍니다. 어디서도 아이를 어떻게 양육해야 하는지 배워본 적이 없기 때문입니다. 부모로서 자녀에게 무엇을 해주어야 좋은지를 말입니다.

그러다가 아이가 원하는 것을 다 해주면 버릇이 없어질 것 같아 실랑이를 벌이거나 신경전을 하기도 합니다. 어느 순간 부모는 자녀의 말을 믿지 못하고 자녀는 부모의 말을 믿지 못하는 상황에 빠지게 됩니다. 게다가 기업의 전략은 점점 더 교묘해집니다.

딸과의 관계회복을 위한 아빠의 고백

영화 〈발명의 아버지〉의 액슬도 실패했던 사업을 일으키기 위해 자녀용품인 와치독을 발명합니다. 앞의 내용은 와치독

발표회에서 액슬이 한 연설인데, 애초에 자신이 준비한 연설문을 중간에 접고 자신의 이야기를 합니다.

　발명하느라 부모의 역할을 제대로 하지 못했던 자신을 돌아보며 부모들에게 편하기 위해 와치독을 사용하라고 하는 자신의 모습에 대해 반성을 합니다. 그러면서 딸과의 관계를 회복하게 됩니다. 자신의 위치를 발명가이자 사업가로만 봤을 때는 부모들이 와치독을 많이 사서 많이 사용하도록 하는 게 맞지만 부모로서만 봤을 때는 부모들이 와치독 같은 물건을 덜 사용하고 자녀와 더 많은 시간을 보내는 게 맞다고 생각한 것입니다.

　"소유는 관계의 단절을 의미하고 공유는 관계의 회복을 의미한다." - 신영복

　나눔은 분명히 좋은 것이지만, 누군가를 위해서나 일을 위해서가 아니라 서로 관계를 만들거나 회복하기 위해 나누는 것이어야 합니다.

하마가 얻는 건 뭔데?

몇 년 전 겨울에 지방의 어느 도서관에서 연락이 와서 저자 사인회 겸 강연을 하러 간 적이 있습니다. 담당자가 책 내용이 좋아서 저자 사인회도 하고 주민들 대상 강연도 하면 좋겠다고 해서 기쁜 마음으로 아무 조건 없이 달려갔습니다.

그런데 강의실에 들어오는 사람들이 모두 중학생이었습니다. 게다가 들어와서 모두 핸드폰만 쳐다보고 있었습니다. 강연 중에 강연 들으러 온 이유를 아이들에게 물어보니 봉사점수가 부족했는데 점수 준다고 해서 왔답니다. 강연 내용에는 별로 관심이 없는 아이들이었습니다.

생각해보니 학년 말 봉사점수가 부족한 학생들과 남은 예산을 사용해야 하는 도서관의 욕구가 맞아떨어진 것이었습니다. 그러니 저는 이용을 당한 셈입니다. 그렇다고 의미 없이 끝내지는 않았지만 강연장에 온 아이들과 강연 이상의 의미를 만들 수는 없었습니다.

비슷한 예로 보육원에 설거지 봉사를 갔을 때 설거지만 하고 오면 다시는 그 보육원에 개인적으로 갈 수가 없습니다. 그런 경우 봉사라는 목적만 이룰 뿐이지 어떤 관계도 맺지 못하고 돌아오게 됩니다. 하지만 그곳 사람들과 함께 설거지를 하면서 이야기도 나누고 오면 다음에 개인적으로도 얼마든지 갈 수가 있습니다.

> "동화 얘기 해줄까요? 정글에 사는 미어캣이 있었는데 굶주리고 아주아주 작았어요. 너무 작아서 나무에 달린 과일들을 큰 동물들한테 전부 뺏겼어요. 그래서 미어캣은 하마랑 친구가 돼서….."
> "됐어. 그만 해. 결국 미어캣이 잘못되잖아."
> "아니에요. 하마의 등을 올라타고 과일들을 따먹을 수 있거든요."
> "하마가 얻는 건 뭔데?"
> "아주 좋은 친구요."
>
> – 영화 〈엘리시움〉(2013) 중

나눔이 목적이 되기보다는 관계 맺음이 목적이 될 때 일방적이지 않고 지속적인 관계 속에서 나눌 수 있습니다.

인사의 위력

우리는 대학생들을 상대로 인사와 친절한 행동에 관한 실
험을 해봤다. 엘리베이터 앞에서 마주친 낯선 사람이 인
사를 건넨 경우와 그렇지 않은 경우, 과연 어떤 행동을 하
는지 알아보는 실험이다. 제작진이 내리면서 쓰레기를 쏟
았을 때 학생들은 과연 어떻게 행동할까? 실험 참가자들
에게는 시간이 없어 서둘러야 한다고 알려준 상태다.

먼저 인사를 건네지 않은 참가자들은 12명 중 3명만이 쏟
아진 쓰레기를 줍는 걸 도와줬다. 그런데 눈을 마주치고
인사를 건넨 경우, 12명 중 9명, 놀랍게도 75%가 도와줬
다. 인사하며 안면을 트는 효과가 의외로 크다는 것을 알
수 있다.

― 〈SBS스페셜 착한 이웃, 불편한 이웃, 무서운 이웃〉(2013년 4월 14일) 중

실험을 통해서 나눔이라는 행위는 나눔을 하는 행동을 강
화하기보다 인사를 통해 관계를 강화할 때 훨씬 향상된다는
것을 알 수 있습니다.

학교나 기업에서 목적이 되는 행동을 강화하거나 문제행동을 수정하려 할 때 흔히 행동을 직접적으로 강화하거나 수정하려고 하는 경향이 있습니다. 그래서 행동을 강화하는 플랜카드를 걸거나 포스터를 붙이고 유인물을 나눠주며 캠페인을 합니다. 그 기간에 잘한 사람에게는 상을 주고 못한 사람에게는 벌을 줍니다. 당시에는 효과가 있지만 그 활동이 끝나고 나면 이전으로 돌아가는 경향이 있습니다.

예를 들면 학교에서 학교폭력을 예방하기 위해 대부분의 학교들은 일단 학교폭력 예방기간을 정합니다. 전교회장단과 선도부 학생들을 동원하여 교문에서 아침마다 피켓을 들고 유인물을 나눠주며 학교폭력 예방 캠페인을 펼칩니다. 물론 교문 위에는 '학교폭력 물러가라'라는 플랜카드가 걸려 있고 곳곳에 학교폭력 예방 포스터가 붙어 있습니다. 그리고 학교폭력 예방기간에 학교폭력이 없는 반이나 개인에게는 상이나 상점을 주고 그렇지 못한 반에는 벌점을 줍니다. 하지만 그 기간이 끝나는 순간 모든 것은 이전으로 돌아갑니다.

반대로 행동을 강화하는 방법이 아니라 관계를 강화하는 방법은 어떻습니까? 단지 눈을 보고 인사만 했는데 나누는 행

끊어진 관계의 매듭을
묶을 수 있는 첫걸음은

일상 속에서 주고받는
눈인사나 안부인사처럼
간단한 일부터 시작됩니다.

동이 25퍼센트에서 75퍼센트로 늘었습니다. 상이나 벌을 주지도 않고 단지 인사만 했는데 말입니다.

이웃 이야기를 담은 벽보

다음과 같은 실험도 비슷한 실험입니다.

우리나라에서는 80%가 공동주택에 살고 있다. 밀집된 곳에서 살다 보니 공격성이 높아지고 이웃과는 외면하며 지낸다. 실제로 한 아파트의 엘리베이터를 관찰해본 결과 인사하는 비율이 4.4%에 불과했다. 과연 이 아파트 주민들은 변화할 수 있을까? 두 개 라인의 엘리베이터에 이웃에 대한 이야기를 담은 벽보를 직접 붙여보기로 했다. 초등학생 재원이는 새로 이사 온 이웃에게 인사하자는 글을, 고등학생 딸을 둔 아버지는 새 학기를 맞아 딸을 응원해달라는 글을 썼다. 놀랍게도 며칠이 되지 않아 벽보에 정다운 쪽지들이 붙기 시작했다.
일주일 뒤 엘리베이터를 다시 분석해보니 놀라운 결과가

나왔다. 주민들이 서로 인사를 하기 시작한 것이다. 엘리베이터에서 마주친 25.4%가 인사를 나눴다. 전보다 약 6배가 많아진 수치다. (대상:노원 청구아파트 주민)

— 〈SBS스페셜 착한 이웃, 불편한 이웃, 무서운 이웃〉 중

이 실험은 아파트 주민들이 엘리베이터 안에서 인사를 안 하는 행동을 수정하기 위해서 시작됐습니다. 대부분의 기관들은 인사라는 행동을 강화하기 위해서 인사주간을 설정하고 플랜카드 걸고 포스터 붙이고 유인물 나눠주면서 캠페인을 했을 것입니다. 하지만 제작진은 인사라는 행동을 강화하려고 하지 않고 관계를 강화하기로 했습니다. 아파트 주민들이 인사를 하지 않는 이유는 인사를 할 줄 몰라서가 아니라 관계가 없어서라고 생각한 것입니다. 그래서 두 사람의 사연이 담긴 벽보를 붙이기만 한 것입니다.

제작진의 생각은 정확히 들어맞았습니다. 며칠 만에 벽보에는 수많은 쪽지가 붙었고 주민들은 엘리베이터 안에서 이전보다 6배나 많이 인사를 했습니다. 더 놀라운 것은 이 행사가 끝나고 나서 인사하는 비율이 늘었다는 것입니다. 관계는 꾸

준히 꼬리에 꼬리를 물고 늘어나기 때문입니다.

관계는 사라지지 않아

"아빠, 별 이야기 다시 해주세요."

"좋아, 무슨 이야기를 해줄까?"

"별들이 어떻게 사라지는지요."

"사라지는 거?"

"전에 말해주셨잖아요."

"좋아, 이 작은 별은 사실….."

"태양이죠?"

"맞아, 잘 아는구나."

"이 태양은 사실 아주아주 먼 곳에 있단다. 그래서 아주
오랜 시간 동안 아주 먼 길을 날아와야 우리 눈에 보이는
거야. 그리고 가끔 우리가 보는 별들 중에는 이미 사라진
별도 있어. 별은 사라지고 별빛만 남아 있는 거야. 하지만
그건 중요하지 않아. 작은 별의 빛은 계속해서 여행을 할
테니까. 계속 여행을 해서 영원히 존재할 거야. 영원히 영

원히 말이야."

– 영화 〈브로큰 서클〉(2012) 중

　음악을 사랑하고 자유로운 영혼을 지닌 뮤지션인 디디에와 네일아트 가게 직원인 엘리제는 뜨겁게 사랑하고 결혼까지 합니다. 디디에와 엘리제는 결혼 후 성격 차이를 겪지만 딸 메이벨이 태어나면서 불안했던 두 사람 사이의 원이 완벽해집니다. 하지만 메이벨이 암에 걸리자 둘의 원은 점점 깨져버립니다.

　셋을 이어주는 원이 깨져가던 중에 셋은 암 병동에서 지내게 되는데, 그러던 중에 메이벨은 자신의 죽음을 예감했는지 아빠가 전에 이야기했던 사라지는 별 이야기를 해달라고 합니다. 아빠는 잠시 머뭇거리다가 이야기를 다시 해주면서 말을 덧붙입니다. 별은 사라져도 별빛은 사라지지 않고 계속 여행할 것이라고 말입니다. 메이벨이 죽더라도 메이벨과 맺었던 관계(인연)는 사라지지 않고 계속된다는 것을 말하고 싶었던 것 같습니다.

　죽음으로 존재는 사라지지만 관계는 남습니다. 바꿔 말하면 존재와 존재가 만나는 것도 의미가 있지만 존재와 존재가 단순히 만나는 것보다는 서로 관계를 통해 만나면 더 오래도록 나눌 수 있게 됩니다. 관계없는 나눔은 지속적이지 못할 수 있습니다.

예를 들어 동네에 몸이 불편한 할머니가 혼자 사신다고 할 때, 이 할머니도 목욕탕에 가고 싶어 하실 것입니다. 하지만 몸이 불편하기 때문에 혼자 목욕탕에 가지 못합니다.

과거에는 동네에서 친척이나 친구가 같이 모시고 가서 목욕을 했습니다. 그러나 지금은 주민센터나 봉사단체에서 목욕봉사 하는 분을 모집해서 목욕탕에 모시고 가도록 합니다.

과거에는 관계가 있는 사람이 같이 가기 때문에 봉사라는 느낌보다는 삶을 함께하는 개념이었다면 지금은 전혀 관계가 없는 사람이 단지 봉사라는 목적으로 할머니를 모시고 목욕탕에 가는 것입니다. 전자는 삶을 함께하는 것이라면 후자는 봉사인 것입니다. 물론 후자도 한 봉사자가 지속적으로 한 할머니를 모시고 목욕탕에 가면 그 사이에 관계가 생겨서 지속성이 생기겠지만 보통은 그렇게 하지 못합니다. 봉사자가 시간이 일정치 않기 때문에 그 시간에 봉사가 가능한 다른 사람으로 바뀌곤 합니다.

나눔은 관계를 위한 수단입니다. 나눔이 목적이 되는 순간 관계는 우선순위에서 밀리게 됩니다. 관계가 우선되어야 나눔을 목적으로 하지 않게 됩니다.

마을에서
나눈다는
것은

"그 분은 끈이었습니다.
우리 마을의 보이지 않는 끈.
우릴 하나로 묶어주고 소식을 전하는 끈."
- 영화 〈도어 투 도어〉 중에서

"흙이 달라. 산의 흙은 말야, 낙엽과 마른 풀이 몇 년이나
겹쳐져서 그걸 벌레나 미생물이 분해해서 만들어지잖아.
그걸 가지고 뿌리가 흙을 갈아준다고. 미에의 밭도 똑같
아. 제초를 하지 않았지만 흙이 건강하다고. 난 늘 잡초는
적이라고 믿어왔어. 말하자면 잡초를 베었기 때문에 안
됐던 거야. 쓸데없다 그러면서 내가 가장 쓸데없는 짓을

했던 거야. 난 아무것도 안 보였던 거야. 사과나무는 사과나무 혼자서만 살아가는 게 아냐. 주변 자연 속에서 살아가는 생명이야."

사람은 혼자 사는 것이 쉽지 않은 존재입니다. 몸집이 큰 것도 아니고 빨리 달리는 것도 아니고 날카로운 발톱이 있는 것도 아니기 때문입니다. 신체적으로 그리 좋은 조건을 갖고 태어난 것이 아니기 때문에 서로 힘을 모아 의지하며 살아야 했습니다. 사냥을 하든 농사를 짓든 말입니다. 그렇게 모여 살다 보니 결혼이란 것도 하게 되고 서로 친인척이 되어 마을을 이루며 살게 되었습니다.

예전 마을에선 나눔이 삶의 일부

마을을 이루어 살면서 개인이 혼자 해결할 수 없는 문제를 개인에게 맡기기보다 서로 도와주고 해결해주려고 했습니다. 특히 농경민족이었던 우리 민족은 농사를 지으면서 생기는 많은 문제를 혼자 해결할 수 없었습니다.

자연스럽게 경험이 많은 어른들의 지혜가 반드시 필요했고 사람들은 그런 어른들을 믿고 따르기 시작했습니다. 그래서 그 때는 어른들의 말이 절대적인 진리와도 같았고 그 말에 따르지 않으면 마을의 안전이나 발전에 해가 된다고 생각했습니다.

또한 어른들이 문제를 해결해주다 보니 개인 간의 문제가 크게 드러나거나 복잡해지지도 않았습니다. 예를 들어 아이를 키우는 문제, 집을 짓는 문제, 자연재해로 일어나는 문제 등을 함께 해결하기 위해 노력했습니다.

굳이 나눔이라는 말을 쓰지 않고도 자연스럽게 서로 나누며 살았습니다. 그것이 개인의 문제를 해결하는 것이든 마을의 문제를 해결하는 것이든 중요하지 않았습니다. 마을의 문제가 해결이 되면 개인의 문제도 해결됐기 때문입니다. 나눔은 삶의 일부였고 생존 수단이었습니다.

어른이 사라진 마을

산업화가 진행되고 사람들은 마을을 떠나 도시로 이동하기 시작했습니다. 사람들이 떠나자 마을은 무너지고 농업은 몇몇 노인들만 지키는 산업이 되었습니다.

사람들이 몰려든 도시에는 과거에 농사를 짓던 시절의 문제와는 전혀 다른 문제들이 생겨납니다. 오랜 삶의 경험으로 개인의 문제를 해결해주던 어른들이 자신들은 어릴 적 경험해보지 못한 산업사회에서 더 이상 개인의 문제를 해결해주는 역할을 할 수 없게 되었습니다. 마을에 믿고 따를 사람이 없어진 것입니다.

어른이 사라진 마을에서 이제 개인의 문제는 개인이 해결해야만 했습니다. 각자의 문제를 해결하느라 서로 나누고 의지하면서 함께 문제를 해결하는 것이 어려워졌습니다. 자신의 문제는 오직 자신이 해결해야 한다고 생각하게 되었습니다. 그런데 자신의 문제를 모두 해결하기에는 시간도 능력도 부족했습니다.

내 문제를 해결하기 위해 소비하는 시대

다행히 그것들을 해결해주는 사람들이 생겨나기 시작했습

니다. 하지만 그들은 비용을 받았습니다. 그러다 보니 자신의 문제를 해결하기 위해 소비를 하는 시대가 되었습니다. 문제가 많아질수록 소비해야 될 것들도 많아졌습니다. 자연스럽게 돈을 많이 벌어서 많이 소비할 수 있어야 행복하다는 생각이 들기 시작했습니다.

사람들은 더 많이 소비하기 위해, 더 많이 벌기 위해 일하기 시작했습니다. 개인의 문제를 해결하기 위해 더 많이 벌어야 하는 시대에 살다 보니 누군가 대가 없이 대신 문제를 해결해준다거나 여럿이 개인의 문제를 해결할 수 있다고 생각하는 사람이 줄어들게 됩니다.

결국 개인이 만든 회사가 개인을 위해 문제를 해결하는 것이 자연스러워집니다. 그 안에서 서로의 관계보다는 일방적인 소비만 남게 됩니다. 나눔 또한 개인이 개인의 문제를 해결해주기 위한 것으로 생각하게 되었습니다. 마을 안에서 기본적인 문제들이 해결된다는 생각을 할 수 없게 됩니다. 나눔에도 비용이 발생하기 때문에 철저하게 가진 자가 없는 자에게 선택적으로 주는 것이라고 생각합니다.

마을에서의 나눔은 공통의 문제를 해결하는 것

나눔을 개인 간의 나눔으로만 보면 개인의 인성 측면이 부각되지만 개인과 집단, 집단과 집단, 집단 내 개인 간의 나눔으로 보면 개인인 주민으로서의 권리와 의무라는 측면이 부각됩니다. 특히나 마을이라는 공동체가 무너진 현대사회에서 개인 간의 나눔만을 강조하다 보면 마을 안에서 이뤄지던 나눔의 문화는 사라지게 되고 나눔은 개인의 의무로만 남게 됩니다. 그래서 공동체 안에서의 문제도 개인의 나눔으로만 해결된다고 보기 쉽습니다.

마을 안에서의 나눔은 선택적인 것도, 가진 자가 없는 자에게 주는 것도 아닙니다. 내가 많이 가지고 있고, 능력이 많고, 시간이 많아서 나누는 것이 아닙니다. 마을의 주민으로서 마을 공통의 문제를 해결하기 위해 나누는 것입니다. 그러다 보면 어느새 내 문제도 해결됩니다. 나눔은 지극히 자연스럽고 삶의 일부분처럼 일상적인 것입니다.

하지만 마을이 무너진 오늘날에는 나눔을 마을과는 전혀 상관없는, 단지 개인의 선택인 것으로만 인식하게 되었습니

개인의 문제를 나누면
마을이 됩니다.

다. 특히 개인의 문제를 소비로 해결하기 위해 많은 돈을 벌려다 보니 일하는 시간을 점점 늘리게 되어 마을에서 사람들 간의 만남은 점점 더 줄어들고 관계는 거의 맺을 수가 없게 됩니다. 악순환처럼 마을 안에서 자연스런 나눔을 하기 어려워집니다.

오늘날 고성장시대에 고소득을 경험했기에 높은 소비욕구를 가지고 있는 부모세대와는 달리, 청년세대는 부모세대 밑에서 높은 소비욕구를 경험했지만 저성장시대를 맞아 저소득 구조를 가지고 있는 세대입니다. 이러한 청년세대는 낮은 소비구조로 인해 개인의 문제해결력이 매우 낮아졌습니다. 당연히 행복도도 매우 낮아졌습니다.

그럼 미래사회에 청년들은 행복하기 위해 어떻게 해야 하겠습니까? 소득을 더 늘리는 직업을 구하거나 적은 소득으로도 행복할 수 있는 사회구조를 만들거나 둘 중 하나일 것입니다. 어느 것이 더 가능하겠습니까?

소득이 더 높은 직업을 구하는 것은 현재의 세계경제 구조상 어렵다고 생각합니다. 그렇다면 후자를 선택해야 하는데, 적은 소득으로도 행복할 수 있는 사회구조를 만든다는 것은 결국 소득이 적은 청년들이 모여서 그들만의 공동체를 만들어 그 안에서 개인의 문제를 해결할 수 있는 구조를 만드는 것입니다.

결국 개인의 문제를 해결해줄 수 있는 마을을 다시 만드는 것이 미래사회에 청년들이 행복해질 수 있는 방법이라고 생각합니다. 예를 들면, 아이들을 유치원이나 학원에 보내기 위해 돈을 많이 버는 것이 아니라, 마을 구성원들이 함께 아이들을 돌봄으로써 유치원이나 학원을 가지 않아도 되는 마을을 만들면 됩니다.

그래서 북유럽은 세 가지를 국가에서 잡으려고 노력합니다. 주택, 의료, 교육입니다. 적어도 이 세 가지를 소비하기 위해 돈을 벌 필요가 없게 했습니다. 그럼 돈을 적게 벌어도 사는 데 문제가 없습니다. 우리나라는 이 세 가지를 소비하기 위해 돈을 벌기 때문에 많은 돈이 필요합니다.

마을을 만들고 유지하는 것도 나눔

많이 가진 사람이 적게 가진 사람에게 가진 것의 일부를 나누는 것도 나눔이지만 마을을 만들고 유지하는 것도 나눔입니다. 마을을 만들고 유지하는 이유는 개개인이 할 수 없는 나눔을 마을의 구성원들이 모여서 할 수 있기 때문입니다. 그렇기 때문에 구성원으로서의 역할을 해야만 구성원으로서의 권리를 주장할 수 있게 됩니다. 그 역할 가운데 하나가 세금을 성실히 내는 것입니다. 세금을 성실히 내야 마을에서 할 수 있는 일들이 많아집니다.

하지만 요즘은 주민으로서의 의무를 다하면 나만 손해 본다고 생각하게 되었습니다. 정치를 하는 사람들이 솔선수범해서 주민으로서의 의무를 다하지 못하는 모습을 보이고, 국가가 그것을 인정해주는 것을 언론이나 방송을 통해 보게 됩니다. 개인의 나눔이 모여야 하는데, 나누면 손해 보는 사회가 되었습니다. 주민으로서의 의무를 다하지 않으면서 권리만을 주장하는 것은 모두를 위한 마을을 만들자는 것이 아니라 나만의 마을을 만들어서 필요에 따라 이용하겠다는 것입니다.

마을 안에서의 나눔

영화 〈김치〉에서 주인공 할아버지는 도시의 산동네 단칸방에서 혼자 살고 있습니다. 어느 날 방 안에 있는 거울에 검은색 테이프를 붙이고 일회용 사진기를 들고 사진을 찍기 시작합니다. 그것도 거울에 비친 자신의 모습을 향해 말입니다. 할아버지는 바로 영정사진을 찍으시는 것입니다. 혼자 외로이 밤새 사진을 찍으십니다.

여러분은 이 할아버지를 위해 어떤 나눔을 하시겠습니까? 대부분의 사람들은 할아버지를 위해 사진을 찍어주러 간다거나 말벗이 되어드리러 간다고 합니다. 하지만 사진을 찍어주거나 말벗을 해드린다고 해서 할아버지의 욕구가 해결되는 것은 아닙니다. 할아버지의 진짜 욕구는 영정사진이나 비정기적인 말벗이 아닙니다. 자신이 살고 있는 집 주변에 이웃이 생기는 것입니다. 나눔의 대상이 아니라 그저 마을의 이웃이 되는 것입니다.

한 미술대학 교수가 학생들에게 지역에 혼자 사시는 할아버지 할머니를 찾아가 인터뷰를 하고 그것을 그림으로 그려

골목에서 전시회를 하는 과제를 냅니다. 학생들은 할아버지 할머니를 찾아가 젊은 시절에 대한 이야기를 듣습니다. 그리고 들은 것을 그림으로 그려서 이젤에 걸고 골목에서 전시를 합니다. 동네 사람들은 지나가다가 그림을 보고 동네에서 가끔 뵙던 혼자 사시는 할아버지 할머니를 떠올립니다. 그 뒤 골목에서 그 할아버지 할머니를 마주치면 그림에서 봤던 이야기를 꺼내게 됩니다. 그러면서 이웃이 되고 서로에 대해 알게 됩니다. 할아버지 한 분이 영정사진을 찍으려고 옆집 아주머니를 부릅니다. 아주머니는 사진을 찍어드립니다.

이런 상상이 필요합니다. 영정사진을 찍어드리기 위해 전혀 모르는 사람이 오는 것이 아니라 동네 주민이 오면 됩니다.

서울 관악구에 '관악사회복지'라는 단체가 있습니다. 여기서 하는 모임 중에 '손손'이라는 것이 있습니다.

"청소년 자원활동가 햇살들이 모여 만든 동네 할머니 자서전 쓰기 모임입니다. 햇살은 1998년 결성되어 현재 17기까지 활동 중입니다. 햇살의 여러 가지 모임들 중 2010년에 햇살에서 자서전 팀이 결성되어 2013년 《할머니 인생이 뭐예요?)를 출판했습니다. 이어서 2014년에 만들어진 2번째 동네 할머니 자서전 제작 모임이 손손입니다. 2명의 청년 활동가와 14명의 청소년 햇살들이 함께하고 있습니다."

— 《손자손녀》(2014년) 중에서

관악구에서 혼자 사시는 할머니와 청소년들을 짝지어주고, 이들은 한 달에 한 번씩 할머니 댁에 모여 할머니가 살아오신 이야기를 나눕니다. 일 년 동안 서로 관계 맺고 이야기 나누면서 할머니의 이야기를 자서전으로 만들어 동네에 배포하고 도서관에도 비치합니다. 할머니는 일 년 동안 동네 손자가 생겨서 옛날 이야기를 하시니 좋고, 청소년들은 일 년 동안 할머니가 생겨서 동네 이야기를 들으니 좋습니다.

이 안에 주는 사람 받는 사람, 정해진 것은 없습니다. 서로 주고받습니다. 또한 마을 안에서 관계는 지속됩니다. 마을 안에서는 이런 나눔이 필요합니다.

혼자 사시는 할아버지, 할머니를 위해 세금을 냈으니 주민으로서의 의무를 다했다고 말할 수도 있습니다. 하지만 나눔은 개인이 지닌 문제를 해결했다고 끝나는 것이 아닙니다. 눈에 보이는 개인의 문제가 해결되었더라도 관계가 단절된 상태에서는 모든 문제가 해결된 것이 아닐 수도 있습니다.

특히 관계 밖에서는 볼 수 없는 문제가 많습니다. 관계 안으로 들어가야 보이는 문제들이 있습니다. 그러기 위해서는 서로의 존재를 인정하고 만나야 합니다. 그래야 진솔한 욕구를 알아차릴 수 있습니다. 그런데 그 욕구는 단순한 행위로 채워줄 수 있는 것이 아닙니다. 삶 속의 관계 안에서 자연스럽게 채워져야 합니다.

마을에서의 나눔은 중요합니다. 개개인의 존재가 살고 있는 마을에서, 그 존재들이 만나 관계 맺고, 관계를 통해 서로의 욕구를 알아가고, 욕구 속에서 나눌 수 있음을 알게 되고, 나눔을 통해 관계가 돈독해지는, 그런 나눔이 필요합니다. 일방적인 나눔이 아닌 서로의 관계를 기반으로 이루어지는 나눔이 필요합니다.

나가는 말

　이 책은 '아름다운 나눔인문학' 시리즈의 첫 번째 결과물입니다. 2013년부터 시작한 나눔인문학 강좌가 올해로 벌써 18번째를 맞았습니다. 그동안 자존감, 아동, 교육, 나눔, 경제, 행복, 다양성, 마을이라는 주제로 324명을 만났습니다. 올해에는 새롭게 관계, 감정(공감), 가족, 사람중심의 경제, 배움, 시간, 인권, 잉여, 공유, 나이듦이라는 주제로 만날 예정입니다.

　나눔인문학은 처음엔 나눔을 알리기 위해 준비한 과정이었습니다. 그런데 다양한 사람들과 만나다 보니 제가 나눔을 알리는 게 아니라 사람들에게 제가 나눔을 배우고 있다는 것을 알게 되었습니다. 그래서 나눔만이 아닌 더 다양한 주제로 이야기하고 싶다는 생각에 주제를 확장하기 시작했고 확장된 주제에서 또 다른 주제들이 나오기 시작했습니다.

다양한 주제로 다양한 사람들과 만나다 보니 다양한 이야기를 매개로 소통하게 되어 나눔에 대한 생각도 다양해졌습니다. 특히 영화를 이용해 교육을 하니 같은 주제로 같은 영화를 봐도 다른 생각을 할 수 있다는 것을 알게 되었고, 그 다른 생각을 통해 다른 사람을 만나는 것이 어렵지 않게 되었습니다. 머리말에서 말한 것처럼 저의 역할은 그것들을 정리하고 알리는 것입니다.

《살아있는 것도 나눔이다》는 시작입니다. 다음 책으로 '자존감'을 주제로 하는 《내가 행복해야 나눌 수 있다》(가제)를 준비하고 있으며, '교육편', '경제편', '마을편'도 기다리고 있습니다.

아울러 그동안 진행했던 나눔인문학 커리큘럼을 나눔연구소 홈페이지(http://cafe.naver.com/nanumeducation/601)에서 보실 수 있습니다. 모임이나 단체에서 나눔에 대해 공부하고 싶거나 자유롭게 이야기하고 싶을 때, 또는 지방이라서 나눔과 관련된 강연을 들을 수 없을 때에는 소개된 영화와 책을 먼저 보고 토론을 한 뒤 이 책을 읽으면 나눔에 대한 생각이 깊어질 수 있을 것입니다. 물론 이 책을 먼저 읽고 나서 영화를 보고 토론을 하셔도 좋습니다. 그런 후에 각자 하고 있는 일이나 하려는 일들을 이야기하면 자신의 일을 나눔의 관점에서 좀 더 객관적으로 볼 수 있을 것입니다.

참고자료

책

《초협력자》 마틴 노왁 · 로저 하이필드, 사이언스북스

《이타적 인간의 출현》 최정규, 뿌리와이파리

《펭귄과 리바이어던》 요차이 벤클러, 반비

《만물은 서로 돕는다》 P.A.크로포트킨, 르네상스

《기브앤테이크》 애덤 그랜트, 생각연구소

《상호부조 진화론》 P.A.크로포트킨, 한국학술정보

《증여론》 마르셀 모스, 한길사

《투게더》 리처드 세넷, 현암사

《이제 쓸모없는 사람은 없다》 에드가 칸, 아르케

《우리가 박물관을 바꿨어요》 배성호, 초록개구리

《손자손녀》 햇살 손손팀, 관악사회복지

영화

〈체지방계 타니타의 사원식당〉 리 토시오, 2013, 코미디, 일본, 100분

〈페이스메이커〉 김달중, 2012, 드라마, 한국, 124분

〈너는 착한 아이〉 오미보, 2016, 드라마, 일본, 121분

〈철가방 우수씨〉 윤학렬, 2012, 드라마, 한국, 100분

〈리슨 투 우어 하트 Listen to Your Heart〉 맷 톰슨, 2010, 드라마, 미국, 100분

〈심플 라이프 Simple life〉 허안화, 2012, 드라마, 홍콩, 118분

〈더 이스트 The East〉 잘 뱃만그리즈, 2013, 액션, 미국, 116분

〈오 브라더, 오 시스터!〉 니시다 마사후미, 2015, 코미디, 일본, 114분

〈미 비포 유 Me before you〉 테아 샤록, 2016, 로맨스, 미국, 110분

〈발명의 아버지 Father of invention〉 트렌트 쿠퍼, 2010, 드라마, 미국, 153분

〈브로큰 서클 The broken circle breakdown〉 펠릭스 반 그뢰닝엔, 2012, 로맨스, 벨기에, 112분

〈패치 아담스 Patch Adams〉 톰 섀디악, 1999, 코미디, 미국, 115분

〈엘리시움 Elysium〉 닐 블롬캠프, 2013, 드라마, 미국, 109분

〈기생수〉 야마자키 타카시, 2015, 스릴러, 일본, 118분

〈뜨거운 안녕〉 남택수, 2013, 드라마, 한국, 99분

〈세션 : 이 남자가 사랑하는 법 The sessions〉 벤 르윈, 2013, 드라마, 미국, 95분

〈아임 히어 I'm here〉 스파이크 존즈, 2010, 드라마, 29분

〈아름다운 세상을 위하여 Pay it forward〉 미미 레더, 2001, 드라마, 미국, 122분

〈기적의 사과〉 나카무라 요시히로, 2013, 드라마, 일본, 129분

〈시소〉 고희영, 2016, 다큐멘터리, 한국, 76분

〈더 웨이, 웨이 백 The way, way back〉 닛 팩슨 · 짐 러쉬, 2013, 코미디, 미국, 103분

다큐 및 방송

SBS 〈최후의 제국 4편 공존, 생존을 위한 선택〉 2012년 12월 9일

SBS 〈영재발굴단〉 2016년 11월 16일

KBS 〈사회적 자본 1부 모든 것을 바꾸는 한 가지, 신뢰〉 2011년 11월 29일

SBS 〈공동의 행복 1부 2009 나눔바이러스〉 2009년 12월 7일

SBS 파워FM 〈아름다운 이 아침 김창완입니다〉

MBC 〈10대 감정보고서 위기의 아이들〉 2012년 3월 23일

MBC 〈곤충, 위대한 본능 1부 본능전쟁〉 2013년 11월 29일

KBS 〈사회적 자본 3부 호모 에코노미쿠스의 변신 : 협력〉 2011

년 12월 1일

SBS 〈착한 이웃, 불편한 이웃, 무서운 이웃〉 2013년 4월 14일

EBS 〈자본주의 2부 소비는 자본이다〉 2012년 9월 25일

우리 삶을 재구성하는 나눔의 발견

살아있는 것도 나눔이다

ⓒ 전성실, 2017

1판1쇄 발행 2017년 3월 27일   **1판6쇄 발행** 2024년 1월 23일

지은이 전성실

펴낸이 전광철   **펴낸곳** 협동조합 착한책가게

주소 서울시 마포구 독막로 28길 10, 109동 상가 B101-957호

등록 제2015-000038호(2015년 1월 30일)

전화 02) 322-3238   **팩스** 02) 6499-8485

이메일 bonaliber@gmail.com

ISBN 979-11-954742-8-8 03330

* 한국출판문화산업진흥원의 출판콘텐츠 창작자금을 지원받아 제작되었습니다.

* 책값은 뒤표지에 있습니다.

* 잘못된 책은 구입하신 서점에서 바꾸어 드립니다.